100位
为新中国成立作出突出贡献的英雄模范人物

邓 萍

春 明/编著

吉林文史出版社

图书在版编目（CIP）数据

邓萍 / 春明编著. -- 长春：吉林文史出版社，
2011.4（2022.4重印）
（100位为新中国成立作出突出贡献的英雄模范人物）
ISBN 978-7-5472-0515-0

Ⅰ.①邓… Ⅱ.①春… Ⅲ.①邓萍（1908～1935）—生平事迹 Ⅳ.①K827=6

中国版本图书馆CIP数据核字（2011）第050231号

邓 萍

DENGPING

编著/ 春明

选题策划/ 王尔立　责任编辑/ 王尔立
装帧设计/ 韩璘

出版发行/ 吉林文史出版社
地址/ 长春市福祉大路5788号　邮编/ 130118
电话/ 0431-81629363　传真/ 0431-86037589
印刷/ 天津海德伟业印务有限公司
版次/ 2011年4月第1版　2022年4月第6次印刷
开本/ 640mm×920mm　1/16
印张/ 9　字数/ 100千
书号/ ISBN 978-7-5472-0515-8
定价/ 29.80元

《100位为新中国成立作出突出贡献的英雄模范人物》丛书

编 委 会

主　任	张自强　高　磊	
副主任	王东炎　徐　潜　张　克　王尔立	
编　委	郭家宁　尚金州　龚自德　张菲洲	
	张宇雷　褚当阳　丁龙嘉　孙硕夫	
	李良明　闫勋才	

100 位
为新中国成立作出突出贡献的英雄模范人物

八女投江	于化虎	小叶丹	马本斋	马立训	方志敏
毛泽民	毛泽覃	王尔琢	王尽美	王克勤	王若飞
邓 萍	邓中夏	邓恩铭	韦拔群	冯 平	卢德铭
叶 挺	叶成焕	左 权	诺尔曼·白求恩		任常伦
关向应	刘老庄连	刘伯坚	刘志丹	刘胡兰	吉鸿昌
向警予	寻淮洲	戎冠秀	朱 瑞	江上青	江竹筠
许继慎	阮啸仙	何叔衡	佟麟阁	吴运铎	吴焕先
张太雷	张自忠	张学良	张思德	旷继勋	李 白
李 林	李大钊	李公朴	李兆麟	李硕勋	杨 殷
杨子荣	杨开慧	杨虎城	杨靖宇	杨闇公	萧楚女
苏兆征	邹韬奋	陈延年	陈树湘	陈嘉庚	陈潭秋
冼星海	周文雍、陈铁军夫妇		周逸群	明德英	林祥谦
罗亦农	罗忠毅	罗炳辉	郑律成	恽代英	段德昌
贺 英	赵一曼	赵世炎	赵尚志	赵博生	赵登禹
闻一多	埃德加·斯诺	夏明翰	格里戈里·库里申科		
狼牙山五壮士		聂 耳	郭俊卿	钱壮飞	黄公略
彭 湃	彭雪枫	董存瑞	董振堂	谢子长	鲁 迅
蔡和森	戴安澜	瞿秋白			

前言

每个人的心中都多少有一点英雄情结,都向往英雄、景仰英雄。也正因此,在中华人民共和国建国六十周年之际,由中央十一部委联合组织开展的"100位为新中国成立作出突出贡献的英雄模范人物和100位新中国成立以来感动中国人物"的评选活动中,群众参与投票总数近一亿。这其中的每一张选票,都表达了人们对英雄模范的崇敬之情,寄托着对伟大祖国的美好祝福。

一个民族不能没有英雄,否则这个民族就不会强大。当国家危难之时,懦弱者选择了逃避、妥协甚至投降,英雄们却挺身而出,用热血捍卫民族的尊严,人民的幸福。在创立和建设新中国的伟大历程中,涌现出无数可歌可泣的英雄模范人物。他们之中,有为了民族独立和人民解放而英勇牺牲的革命先烈,有为了党和人民的事业而不懈奋斗的优秀共产党员,有在全民族抗战中顽强奋战、为国捐躯的爱国将士,有英勇杀敌的战斗英雄和革命群众,有积极从事进步活动的著名民主爱国人士和国际友人……他们是民族的脊梁、祖国的骄傲,是激励全体人民团结奋斗的精神力量。

《100位为新中国成立作出突出贡献的英雄模范人物传记》丛书,就像一部星光璀璨的英雄谱,真实、完整地记录了英雄模范人物不平凡的一生,再现了他们非凡的人格魅力和精神世界。"头颅可断腹可剖"的铁血将军杨靖宇,"毫不利己,专门利人"的白求恩,"抗战军人之魂"张自忠,"砍头不要紧"的夏明翰,"俯首甘为孺子牛"的文化斗士鲁迅……一串串闪光的名字,一个个动人的故事,犹如群星闪烁,光耀中华。

如今,战火已熄,硝烟已散,英雄已逝,我们沐浴在和平的幸福之中。在和平年代,人们不会忘记为今日的和平浴血奋战的英雄们,英雄的故事永远不会结束。让我们用英雄的故事唤醒我们心中的激情,为中华民族的伟大复兴而奋斗。

生平简介

邓萍（1908–1935），男，汉族，四川省富顺县人，中共党员。

邓萍1926年底考入武汉中央军事政治学校，在校加入中国共产主义青年团，不久转入中国共产党。1927年秋被派到国民党军湖南独立第五师彭德怀任团长的第一团从事兵运工作。在该团秘密组织成立中共党支部和团委，任书记。1928年7月参与组织领导平江起义，任中国工农红军第五军参谋长、中共红五军军委书记。参加领导开辟湘鄂赣苏区。同年冬和彭德怀、滕代远率红五军主力到井冈山，参加保卫井冈山革命根据地的斗争。1930年6月任红三军团参谋长兼红五军军长，参与指挥红三军团进行长沙战役和参加中央苏区历次反"围剿"。1933年7月兼任红军东方军参谋长，参与指挥所部入闽作战。在中央苏区，他南征北战，战功卓著，成为红军的著名将领。其间，曾兼任红五军随营学校教育长，参与筹建工农红军学校，任副总队长兼教育长，培养了大批红军干部。1934年1月，被选为中华苏维埃共和国中央候补执行委员。同年10月参加长征，协助彭德怀指挥红三军团担任右路前卫，掩护中共中央机关和红一方面军主力突围。1935年2月27日，在遵义战役前线指挥作战时，不幸中弹牺牲，年仅27岁。

1908-1935
[DENGPING]

◀ 邓萍

目录 MULU

■ 遵义英魂（代序） / 001

■ 初露锋芒（1908—1928） / 001

少年有壮志 / 002
军阀割据，战乱连年，少年邓萍目睹了社会底层人民的悲惨生活，萌发了改造中国，拯救人民的理想。

0—18岁

彭团长的书记官 / 006
刚从黄埔军校毕业的邓萍，受党组织的秘密派遣来到了时任国民党湖南独立第五师第一团团长彭德怀的身边。邓萍与彭德怀长达七年的战友生活也从此开始。

19岁

奇怪的部队 / 012
彭德怀与邓萍的部队在起义前，每次奉命下乡"清剿"，总是朝天放一阵空枪，然后在路边丢弃一些子弹和枪，此举使得平江当地的游击队感觉这支"剿匪"部队与其他国民党部队很不同。

19—20岁

三营闹饷 / 017
正在邓萍等酝酿起义工作之时，一场意外发生了，共产党员黄公略不慎暴露身份，无奈之下三营以"闹饷"为名提前哗变。著名的平江起义拉开了序幕。

20岁

紧急行动 / 026
在研究起义军事部署时，刚到20岁的邓萍，虽然年纪轻轻对战事策略却有自己的看法，将如何起义分析得有理有据，安排得当，细微处足见其智谋才智，引得在场同仁连声称好。真是英雄出少年啊！

20岁

起义打响 / 031

20岁　仲夏，在彭德怀、滕代远、黄公略、邓萍的领导下，平江起义似催雨惊雷，一个英雄团队由此诞生！

20岁的军参谋长 / 035

平江起义成功后，部队改编为中国工农红军第五军，彭德怀任军长、滕代远任党代表，年仅20岁的邓萍任参谋长。　　　　　　　　　　　　　　　　20岁

■军中智囊（1929 – 1932） / 039

奔赴井冈山 / 040

20岁　平江起义后，对于红五军何去何从，众人展开了讨论。彭德怀、邓萍等研究决定带领红五军奔赴井冈山与红四军毛泽东、朱德、陈毅等会师。

留守根据地 / 052

红五军主力抵达井冈山后，湘赣两省敌军加快了对井冈山革命根据地"进剿"的步伐。为了粉碎国民党的"进剿"，柏路会议决定，采用"围魏救赵"的办法，由彭德怀、邓萍等率领红五军留守井冈山，朱德、毛泽东率领红四军出击赣南，到外线打击敌人。红五军迎来了自成立以来最艰巨的任务。　　　　　　　　　　21岁

临危受命 / 059

"你是一军之长，责任重大，今后五军的发展还要靠你。再说，还有那么多的伤病员和家属需要保护，这是朱毛首长临下山时交给你的重任啊！军情紧急，莫要再争论了。"面对敌人疯狂进攻，危难之际邓萍勇挑重担。

21岁

训练随营学校 / 063

邓萍为随营军校的教学工作付出了很多心血，为红五军培养了大批优秀的军政干部。　　　　　　　　　21岁

激战长沙 / 070

1930年，中国工农红军曾两次攻打湖南省会长沙，第一次是在7月底，彭德怀率红三军团胜利攻占了长沙城，并占领了十天。这是中国工农红军历史上战果非常辉煌的一次进攻战役，也是红军唯一一次攻下省会城市，在国内外影响很大，连共产国际都感到惊讶。1936年毛泽东接受斯诺采访时也说过，第一次打长沙"对全国革命运动所产生的反应是非常大的"。

22岁

粉碎"围剿"立战功 / 081

为了粉碎国民党的疯狂"围剿"，部队不得不频繁转战，邓萍拖着负过重伤的身子，出入枪林弹雨，为革命斗争不惜一切。

22-23岁

"红埔"军校 / 084

根据毛泽东的倡议，由闽西红军学校和一、三军团的两个随营学校合并组成了"红埔"，于1930年10月25日在江西瑞金正式成立，当时定名为中央军事政治学校。邓萍凭借在军事参谋工作方面和部队政治工作方面都有着较高的水平和丰富的经验，参加了创办红军学校的筹备工作，并出任训练部部长。

23-24岁

■ 将星陨落（1933–1935） / 087

危急关头 / 088

李德和博古的错误领导一步步将红军带向失败的深渊，红军中大批干部因谏言而受到不公平打压。

25-26岁

长征开始 / 096

红军第五次反"围剿"失败，在国民党的飞机大炮中，不得不迈向了震惊中外的长征之旅。

26-27岁

勇夺娄山关 / 101

娄山关战斗是邓萍亲自指挥和部署的，娄山关一役充分展现了邓萍作为红三军团的参谋长杰出的军事谋略和领导才能。

27岁

血洒遵义城 / 109

革命胜利后,张爱萍上将在他的《星火燎原》中《遵义到大渡河》一文描述了邓萍牺牲的情景:"军团参谋长邓萍同志来到前沿和我一起观察敌情,并对我说……突然他的头栽到我的右臂上,我还没弄清怎么一回事,他那为革命事业英勇献身的殷红的热血已染满我的衣襟。邓萍同志不幸中弹。没有来得及说完要说的话就悲壮地牺牲了。"一代英雄就此陨灭了!

27岁

为参谋长报仇 / 113

天公为何如此!悲痛,愤怒,已是语言所不能表达的了。红三军团众将士含着热泪,高喊着:"为邓萍参谋长报仇!报仇!"如决堤洪水般冲向了夜幕中的遵义城……

将军之墓 / 117

革命胜利后,在党中央领导的关心下,遵义干部群众在历经数年艰苦的奔波后终于找到了邓萍将军遗骸。邓萍曾经的老战友,当看到了首长的遗骸时,老泪纵横,泣不成声。

■后记　那些不能忘却的英雄 / 127

遵义英魂(代序)

　　西风烈,长空雁叫霜晨月。霜晨月,马蹄声碎,喇叭声咽。
　　雄关漫道真如铁,而今迈步从头越。从头越,苍山如海,残阳如血。

　　1935年1月,在红军长征途中,中共中央在贵州省的遵义城举行了政治局扩大会议,重新确立了毛泽东对红军的统帅地位。随后,于2月下旬,红军在娄山关与遵义地区,取得了自撤离中央苏区以来第一个重大的胜利。就在此期间,毛泽东写下了不朽的诗篇《忆秦娥·娄山关》。

　　残阳如血,当年红军战士于此浴血奋战,那惨烈而悲壮的一幕幕,至今叩击着人们的心弦,让人在澎湃的激情中感受追求光明者崇高的理想以及他们的生命因为无私而伟岸,感悟着生命的厚重和坚定。

　　遵义的胜利,让人们看到了毛泽东的军事领导才能,确立了以毛泽东为核心的新的党中央的正确领导。这次会议在极其危急的情况下,挽救了党,挽救了红军,挽救了革命,成为党的历史上一个生死攸关的转折点,成为中国共产党从幼稚走向成熟的标志。

　　也就是在这场战斗的前夕,担任红三军团参谋长的邓萍却壮烈牺牲,成为红军长征途中牺牲的最高将领。

　　娄山关的争夺战,红军以英勇顽强的作风,击溃了敌人,并乘胜追击溃退的敌军,一直追到遵义老城城外的大桥边,占领了那一带的街道和村庄。这时军团参谋长邓萍和张爱萍为了更好地指挥下一步战斗，他们冒着敌人的枪林弹雨，隐蔽在一个草丛里在战斗的最前沿观察敌情。

突然，敌人的一个冷枪打来，打中了邓萍参谋长，他倒在张爱萍团长的身旁。鲜血浸湿了张爱萍的衣裳，年仅27岁的邓萍连话都没来得及说完就壮烈地牺牲了，为中国革命事业献出了年轻宝贵的生命。

这是怎样一个风华正茂的年华，

这是怎样一位智勇双全的名将，

为了你，为了我，为了让所有中国人能在今天享受太平盛世的安乐，

他献出了他最宝贵的东西。

作为红三军团的参谋长，自1927年冬与彭德怀结识后，邓萍一直追随彭德怀出生入死，浴血奋战，屡立战功，成为彭大将军的左膀右臂。听闻邓萍牺牲的消息，彭德怀悲痛欲绝。第二天，彭德怀怀着满腔怒火，向部队发出攻占遵义的命令，号召红军战士消灭敌人，为参谋长报仇。悲伤的红军向遵义之敌发起猛攻，吓破了胆的敌人瞬间瓦解。

由此，红军第二次占领了遵义城。

在战斗胜利攻下遵义后，张爱萍团长对邓萍的牺牲依旧悲痛万分，他赋诗痛悼自己最亲密的战友：

> 长夜沉沉何时日？黄埔习武求经典。
> 北伐讨贼冒弹雨，平江起义助锋焰。
>
> "围剿"粉碎苦运筹，长征转战肩重担。
> 遵义城下洒热血，三军征途哭奇男。

初露锋芒

(1908—1928)

少年有壮志

（0—18岁）

邓萍，原名邓少章，1908年出生于四川省富顺县凉高山。

富顺，地处四川东南部，今为自贡市下属的一县。自贡市号称"井盐之都"，这个美名源自古代的富顺县。自贡城市名称以及正式设市是在民国初年，而富顺古城的建制设城则始于一千五百年前。

在史书方志记载中，富顺在古代就是一个重商重学的地方名城，盐业发达，经济富庶，百姓安居乐业，自宋代起文风尤盛，素有"银富顺"和"才子之乡"的美誉。

然而，到了民国初期，四川进入所谓"防区时代"，各路军阀在防区内委派官吏，征兵筹款，为所欲为，全川长期陷入分裂割据局面。省政府号令不行，实为虚设，政局动荡，民生凋敝。"川政统一"前的24年间，由四川军政府和川、滇军阀委任的富顺县知事（县长）共44人，每任平均仅六个月多一点，可见政府更迭之频繁。军阀们争城掠地，富顺因境内有自流井盐场，更是军阀们垂涎的肥肉，争夺十分激烈。

邓萍的父亲是盐工，幼时因家庭贫苦，便过继给叔父。邓萍自幼聪明过人又胆大果敢，好打抱不平。在农村读私塾的几年间，学业优异的邓萍，目睹了在反动军阀政府的黑暗统治下，在地主、资本家的残酷剥削和压迫下，盐工们过着"一张围帕当衣裳，一只篾包就是床"的悲惨生活。他从中国最底层人民的血与泪的痛苦呻吟中看到了一个吃人的旧社会，对地主、资本家和腐败无能的军阀政府，少年邓萍胸中填满怒火，一个反抗现实，改造旧社会的理想在这个小小少年的心中萌发了。

20年代初期，少年邓萍结识了早期革命活动家的恽代英。当时，恽代英来到川南开展革命活动，建立了川南第一个革命组织——

△ 1927年2月黄埔军校武汉分校成立。邓演达为校长，顾孟余为党代表，张治中为教育长兼训练部部长、学生总队长，恽代英任政治总教官，1927年1月19日改名为中央军事政治学校武汉分校。图为武汉分校旧址。

社会主义青年团。青年团的成立，在川南和全川都造成了很大震动。首次接触到了马克思主义革命思想的邓萍内心深受启发。原先心中那忧国忧民的思想感情得到了深化，一种救国救民的宏伟抱负在邓萍心里渐渐成形。

　　大丈夫志在四方，1926年邓萍获悉国民革命军武汉中央政治学校招生的消息，于是刚满18岁的少年就瞒着家里人，乘船东下，赶往数百里外的武汉，天资聪颖的邓萍一举考入了黄埔军校武汉分校，成为这个赫赫有名的军校的第六期学员。

在军校学习期间，邓萍受到了系统的共产主义教育，学习和领会马克思主义，不久便加入了中国共产主义青年团，同年转入中国共产党。

然而，入校不久，蒋介石背叛革命，发动四·一二政变后，实行清党反共。4月18日在南京另立国民政府，与武汉国民政府相对峙，并对武汉实行经济封锁。武汉国民政府为了打开局面，宣布实行第二次北伐，讨伐张作霖的奉系军队，分校学员与学兵团合编为中央独立师，开赴前线作战。但武汉政府面临外交孤立，经济困难。反共军人夏斗寅、许克祥相继叛乱。汪精卫6月19日到徐州与蒋介石达成清党反共协议，并发动七·一五事变，汪精卫公开反共。而以陈独秀为首的党中央节节退让，大革命失败。在白色恐怖下一些人退党投敌，一些人悄然退出斗争。邓萍以其坚定的革命信念，继续坚持斗争。虽然此次北伐以失败告终，邓萍的革命生涯却由此拉开了序幕。

彭团长的书记官

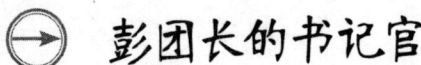

（19岁）

1926年秋，彭德怀参加北伐军围攻武昌，在战斗中，认识了共产党员段德昌，段德昌是该政治部秘书长。不久，彭德怀升为代团长兼第一营营长，与段德昌成为好友。蒋介石叛变革命后，彭德怀所在的师改编为湖南省主席鲁涤平的独立五师，在师长周磐率领下，从皖北退回了湖南南县。不久，彭德怀又升为国民党湖南陆军独立第五师第一团代理团长。

段德昌因为参加秋收暴动受了重伤，国民党四处搜捕中共党员，段德昌只得隐藏在家里，不敢去医院。彭德怀来到南县后听说段德昌负伤了,立即找到中共南华安特委书记张匡,跟他说:"你要老段改个名,到我这里二连长李灿家住吧。我让团的伍军医给他治疗,这样伤可能好得快些。"

张匡欣然答应。

1927年12月,中共湖南省南县特委决定秘密派邓萍到国民党军队中做兵运工作。于是张匡又与彭德怀说:"我这儿有一位失业青年,二十一二岁,读过书有些文化,很聪明,你能否为他在部队中给安插一个位置?"

彭德怀想了想说:"团里营部正好缺一文书和一个三等书记,文书一个月十五六元,书记三十元,薪金都不多。他愿意吗?"

张匡说:"唉,只要够吃饭就行了。"

彭德怀说:"那好,让他先去当一下文书试试吧。"

从此,邓萍就以一个团书记官的身份来到彭德怀所部一团开始了秘密的兵运工作。在一团做党团工作期间,邓萍发展了大批优秀的共产党员,为一团胜利起义,培养了一支革命生力军。

邓萍虽然个子不高,与其他军人比起来,

身材也略显单薄，但这丝毫不影响士兵们对他的爱戴。在贫寒家庭中长大的邓萍非常吃苦耐劳，处处身先士卒，丝毫没有当时普遍存在国民党军官那种动不动就打骂士兵的军阀做派。黄埔军校出身的邓萍性格刚直豪放，却为人谦虚，态度和蔼可亲，而且博学多才，能文能武，才思敏捷，写得一手好文章，还擅长书画。

邓萍年纪又小，一团里的士兵们都非常喜欢和他亲近，时间不长，在邓萍的影响下，一团的不少士兵都发展为党员，并成立了士兵委员会。号召国民革命军应当官兵平等，废除笞责、体罚，组织士兵委员会，实行士兵自治，自觉管理军风军纪，不赌博，不强奸妇女，不扰民；反对克扣军饷，实行经济公开，士兵有阅读进步书报的自由；士兵委员会有权逮捕反革命分子押送革命军事法庭，并有陪审权。士兵委员会的成立，在当时军纪腐败的国民党部队中，犹如一股清新之风。

在一团开展工作期间，邓萍陆续结识了共产党员黄公略、贺国中和黄纯一等人，并通过他们又认识了团长彭德怀。时年30岁的彭德怀出身贫寒，性格刚猛，正直不阿，嫉恶如仇。早在北伐时期，彭德怀就在共产党员段德昌的启发影响下接受了革命思想。几个月前，蒋介石、汪精卫相继发动反革命政变，彭德怀当时大骂蒋汪二人，并对旧中国的现状甚为焦虑。彭德怀看到年轻的邓萍思想进步又聪明能

△ 邓萍画像

干,是个值得培养的人才,于是就把他调到团部当书记官,不久又提升为副官。

邓萍告诉彭德怀,自己的家乡远在四川省南部的富顺县。1922年1月,他在家乡曾观看了著名革命家恽代英关于现在中国形势和马克思主义的演讲,内心深受震动。在恽代英的启发影响下,决定从军报国,1926年秋考入了黄埔军校武汉分校。没想到在军校又见到了久违的恽代英,还担任自己的政治总教官。

邓萍说:"那时候,我曾有幸多次得到恽代英先生的指教,真是获益匪浅,让我终身难忘。"恽代英也是彭德怀深为敬重和仰慕的人,邓萍的话立刻引起了彭德怀内心的共鸣。彭德怀与邓萍一见如故,交谈得十分投机。

友谊的种子在彭德怀和邓萍心中萌发。在随后的七年时间里,邓萍一直跟随彭德怀形影不离,南征北战,视彼此为生死兄弟。

就这样,邓萍很快就得到了彭德怀的信

任。邓萍遇事冷静，稳重机智，彭德怀虽比他年长，但遇到什么事，还是经常同邓萍商量，并征求他的意见。对于这个优秀的年轻小伙子，彭德怀总是暗暗赞叹。一段时间过后，党组织找机会向彭德怀说明了邓萍的身份，彭德怀听闻喜出望外，更加深了对邓萍的信任。在他眼里，邓萍绝非下属，而是值得信任的党的化身。在"四·一二"、"七·一五"之后白色恐怖下的革命低潮时期，彭德怀却怀揣革命的理想，向党组织郑重地递交了入党申请书。

转眼过了年，一个温暖的午后，党组织秘密派人通知邓萍，中共湖南省委正式批准彭德怀为中共党员。听到这个消息，邓萍雀跃不已，马上跑去告诉彭德怀这一好消息。当天晚上邓萍就同特委代表张匡、段德昌等人共同主持了彭德怀的入党仪式。

在国民党军中主持共产党员的入党宣誓仪式，其风险和困难程度是可以想象的，因此这个入党仪式也显得格外简陋，没有党旗，没有桌椅。正在大家一筹莫展的时候，只见邓萍神秘一笑：我来给大家请导师。说着拿出了他亲自画的马克思、恩格斯的油画画像。

那时在部队里，会画画的不少，但是能画油画的却是不多见的。众人走近一看，画像画得栩栩如生，都对邓萍的多才多艺赞不绝口。彭德怀还注意到画像的颜料还有些许粘湿，心想定是邓萍熬夜赶出来的。

就这样，在1928年的冬末，在一间隐蔽的小屋内，满腔热血的彭德怀庄严地举起了他的右拳，神圣地立下了"为共产主义革命事业奋斗终生"的誓言。从此，在这句誓言的引导下，这个革命青年开始了他人生的新篇章，而中国的历史也因他的威名赫赫而改写。

　　山高路远沟深，大军纵横驰奔。
　　谁敢横刀立马？唯我彭大将军。

邓萍在影响彭德怀加入中国共产党过程中起到了重要作用。他一方面在政治思想上帮助、影响彭德怀；另一方面还把彭德怀的思想进步，倾向革命，赞同中国共产党的政策主张，要求加入党组织等情况经常向中共南华安特委汇报。

彭德怀加入中国共产党后，随之，李灿也入了党。不久，特委又派来了李光，再加上邓萍、张荣生、彭德怀等五个党员成立了一个支部。后来邓萍又提出：以后上级来人，先由自己接应，辨别后，再向彭德怀引见，以避免团长暴露身份，增添危险。邓萍的细致周到使彭德怀对他倍加欣赏，因此又多了几分信任。

从此,中国共产党在这支国民党军队有了秘密支部。

奇怪的部队

★★★★★ （19-20岁）

在北伐战争前夕,平江即展开了轰轰烈烈的爱国群众运动。平江是通湖北的要道。1926年7月,北伐军进逼时,共产党领导的民团成立了敢死队,支援叶挺团攻占县城。1927年,党员达七千多人。马日事变后,湖南城乡一片白色恐怖。为对付反动派的屠杀,此时县委成立了平江暴动委员会,在四乡成立义勇队,人数几十、几百、上千不等,枪支不过几支、几十支,从无到有、从小到大发展起来。

9月,暴委即组织农民数百人扑城一

次。这些初出茅庐的游击队，同国民党的清乡部队进行了极为残酷的斗争。由于形势的恶化，全县党员由七千多人减到三千七百人。1928年3月，县游击总队组织"十万农军"第二次扑城，因人数太多，过早暴露目标而撤退。

此次"扑城"，使国民党当局大吃一惊，想不到平江会掀起如此巨大的风浪，于是急忙派遣三个师的兵力去镇压。"宁可错杀三千，不可放走一人！"口号响彻城乡，又一场腥风血雨席卷了汨罗江两岸。

国民党军到平江清乡时，从东乡到南乡，火烧八十里。陈光中部在东乡，分配士兵杀人任务，每天交左耳一只。8月，发生了有名的"龙门惨案"，三天时间，在这个乡被杀一千三百人。这几个月内，东南北三乡火光不熄，几万人无家可归。

整个内战时期，国民党在平江实施一烧、二杀、三捕的政策；城乡建立"挨户团"地主武装；普遍施行"自首自新条例"和颁发"良民证"，以对付苏维埃政权和农民游击战争。

白色恐怖笼罩着平江城乡。东乡、东南乡和东北乡的房屋已被烧近半数，辜家洞、灶门洞、徐家洞等山区被白军杀得血流成渠。这还不够,反动当局为了进一步镇压工农革命运动,还搞了一个彻底"清剿"计划。他们推独立五师师长周磐为总指挥开赴平江"清剿",要将共产党员和革命分子一网打尽。

师部直属队、一团的一、三营驻县城;二营驻城南四五十里之思村;第二团驻城北五十里至南江桥一线;第三团驻东乡的长寿街、嘉义镇一线;随营学校驻岳州。

平江县位于江西、湖南、湖北三省交界,大革命时期农民运动发展迅速。马日事变后,阎仲儒旅驻平江,伙同大量反动民团清乡,虽然经过大半年的残酷镇压、烧杀抢掠,破坏极端严重,湖南省的中共党组织遭受重创,但革命群众并没有完全被镇压下去,党的县委还存在,平江县的党组织转入了地下状态,但仍然积极组织农民进行反击。

彭德怀、邓萍率一团进驻平江县,就驻扎在平江县城外。到达平江后,官兵们目睹了反动当局在平江大肆屠杀工农群众的残忍暴行,不由心生愤恨,加上平日里彭德怀、邓萍等非常注意对革命官兵进行党的民主政治教育和大量的团结工作，渐渐地使这支部队逐步由军阀的工具转变为共产党组织掌握下同情工农群众的武装。

此外，彭德怀、邓萍的一团也经常接到任务下乡"清剿"。

可是，令人奇怪的是，游击队发现这支军队外出"清乡"时，没有目标也总是放枪，好像报信给游击队似的，有时游击队和他们接触一下，他们就头也不回地仓皇逃跑，一跑，

△ 彭德怀

子弹扔得满地都是,有的甚至还把枪丢在路边的草地上。

对面的游击队员看到这一情形,禁不住目瞪口呆。

当时游击队领导人罗纳川、方强他们拾到这些宝贵的子弹后,不禁哈哈大笑,说:"国民党军队真是有钱,子弹真是多,你看士兵都不愿背了,才故意把它丢掉。"

后来,起义成功后,游击队接到平南特委送来的一封紧急信,要游击队立即开赴县城,与彭德怀、邓萍率领的起义部队会合。这时,他们才知道当初并不是国民党部队的子弹多得士兵不愿意背了,而是这支部队中有地下党在活动,子弹和枪是他们故意丢下来送给游击队的。

→ 三营闹饷

（20岁）

国民党独立五师师长周磐,也就是彭德怀的顶头上司,是一个非常有野心的人。他想模仿黄埔军校的模式办一所随营学校,为自己培养一批忠实又能征善战的军官。随营学校校长当然由周磐自己兼任,而具体主管学校军事教育的副校长经彭德怀推荐,由原独立师保送到黄埔军校深造学习即将毕业回军的黄公略担任。

黄公略和彭德怀是好友,两人曾一起在湖南讲武堂学习,在广州暴动后,黄公略加入了中国共产党。黄公略又推荐另一个黄埔军校毕业生,中共后备党员贺国中任随营学校教育长。不久因三团三营营长贪污军饷被撤职,周磐将任随营学校副校长的黄公略调任营长。

6月的一天凌晨。

太阳还未升起,但天边已有点红晕。

河边的柳堤上,邓萍郁郁寡欢地站在那里。他睡不着,凝视着天边,血红的朝霞,刺痛了他的心。他想起了昨天那悲惨的一幕幕。

那是昨天在驻军附近发生的一件惨事:一个年近七旬的老妪,在当赤卫队员的儿子被杀害、媳妇改嫁他乡、屋中无米无盐的绝境里,终于大哭着投入房前的水塘。一石激起千层浪,受尽了剥削和迫害的穷苦人早就忍耐不住,便趁机操起镢头、镰刀和木棍闹起来,他们闯入一个大地主家的院子,抢了粮食、衣物和牲畜,又一把火烧了房屋。这样一来,保护土豪劣绅利益的挨户团就杀来了,一夜之间血洗了这个村子。

想到这里,邓萍心如刀绞。

只听他长叹一声,低声用哽咽一般的声调吟道:"长太息以掩涕兮,哀民生之多艰。"

邓萍想起了不久前发生的广州暴动,想起了英雄的张太雷、叶剑英、叶挺等人,觉得自己在这样沉闷的环境中憋得太难受了,恨不能马上就跟彭德怀一起率领部队再来一次这样的暴动。

像是听到了邓萍的心声,不久,中共湘鄂赣特委就通过内线秘密送来一份文件，令彭德怀、邓萍等人兴奋不已。一天深夜，在一间密室里，在一盏小油灯下，第一团党委的几个主要成员围在一起，大家都默默地瞧着邓萍，只见他拿起一把红雨伞，从伞把底部很小心地拔下一个圆木塞，然后抽出一卷文件来。

原来，这是《中央对于湘鄂赣总暴动和对平江问题的决议》。每个人都屏声敛气地听着，兴奋中带着些许紧张。邓萍压低声音一字一板地念着。念到紧要处，便加重了语气：

具体言之，平江工作的任务，是要于湘鄂赣总暴动布置中，特别是湖南全省布置中完成自己的任务。这一任务的完成，当然是以平江为中心向江西修水、铜鼓及长沙、浏阳、岳阳发展，而与修水、铜鼓连成一气，在湘赣边境造成一个割据的局面。

念完，邓萍直觉热血只往头顶上涌，兴奋地看着众人。李灿搓着双手说："听见了吧，中央一开始就说'湘鄂赣总暴动的布置上以湖南为中心'，那么，邓萍刚才念的这一段呢，分明是说湖南的暴动要以平江为中心。"

这时，邓萍与彭德怀相互对视了一下，两

人又心照不宣地笑着点了点头。事情明摆着，历史的神圣使命就要落到他们的肩上了。

他们当即决定，秘密派邓萍亲自到随营学校去，将这份文件的主要精神传达给黄公略、贺国中等人。又是一个烟雨迷茫的黄昏，邓萍撑着那把红伞悄然来到随营学校。

在黄公略的卧室内，他小心翼翼地从伞把里抽出那份文件。

"这是什么？"黄公略轻声问道。

"中共中央的文件。"邓萍回头又看了看门口，确定没人偷听，才小声地答道。

黄公略脸色一暗，有些责怪地说："哎呀，你这个家伙也太冒失了吧，这要是被敌人抓住……"

邓萍摆摆手打断了他，撩开衣襟露出两颗木柄手榴弹，笑了笑，接着晃晃手中的文件说："我可以抢先烧了它，或者吞到肚子里，实在不行我就跟敌人一块玩完吧——轰！"

贺国中听到这儿，伸

△ 贺国中

出手重重地拍拍他的肩头，那意思很明白：你小子有种！不用说，这份文件又使大家、尤其是黄公略激动得摩拳擦掌了。

就在彭德怀、邓萍、黄光略豪气万丈地筹备武装起义时，一个意外发生了。

7月18日，中共南华安特委负责人在长沙不慎遭到敌人逮捕，敌人在缴获的文件中发现了独立五师随营学校副校长黄公略签发的通行证。证据马上转到独立五师后，师长周磐一眼就认出了确是黄公略笔迹。

周磐震惊不已，怒不可遏地立即下令逮捕黄公略、贺国中、黄纯一（时任随营学校大队长）三人。

消息马上传到了平江。

这天黄昏，黄公略在长寿街的家中吃饭，贺国中的堂兄、三营的军需官贺新平正巧也在。

谈着谈着，电话铃响了，黄光略去接电话。放下电话后，贺新平发现黄光略脸色不对，就问怎么了。

黄公略闷坐着不出声，又径自从柜子里拿来了几瓶白酒。打开白酒，黄公略猛灌了几口，像下了重大决心似的,对贺新平郑重地说:"咱们的时候到了,兄弟,准备起义吧!"

贺新平听到此话,为之一振。

贺新平马上就与黄光略商量了一个借去剿匪然后途中闹饷起事的计划。

△ 黄公略

当晚,黄公略把各连连长都叫来了,说:"接到紧急任务,今晚要去剿匪。12点吃饭,1点准时出发。出发前,把士兵的草鞋钱都发了。"

经过一晚上的奔波,第二天上午,部队驻扎到了叫嘉义的地方。士兵们洗澡、打牌,好像没有一点事。只有黄公略有点急。后来,来了一个人,先对贺新平说要改善伙食,接着,他到黄公略房里去了。过了一阵,他从黄公略房里出来,对贺新平说:"你们这个部队危险,上面对伙食费这块原则上是不发的。"

贺新平回答说:"不发我们就换旗帜!"

"换什么旗帜?"来人问。

"跟共产党合伙吧。"贺新平无畏地说。

谁知这时他却对贺新平说:"你到士兵里面去做工作,说不发饷了,要解散部队,不准排、连长晓得。"

这个神秘来人正是邓萍,望着邓萍神秘的微笑,贺新平茅塞顿开,明白是怎么一回事情了,立即买了一条烟,把班长们召集来。贺新平问班长们:"你们发饷了么?"

"三个月没发饷了。"班长们说。

贺新平故作难过,假装说:"上边来人了,说我们这个队伍要解散!"

班长们听说要解散部队,都很惊喜。这些年他们为蒋介石卖命,挨打受骂,穷困不堪,早就盼望回家,只是苦于没有办法。大家纷纷要贺新平出谋划策。贺新平说:

"你们回去,背起枪弹,马上集合,名义叫'闹饷'。"

一下子,士兵都被班长带到地坪里。黄公略也出来了,贺新平看他向自己努努嘴,明白这是示意他要掌握队伍。与此同时,军官们都被黄公略喊到营部开会,他把椅子挡在门口,开会的人得进不得出。有个姓刘的十连连长,是三团团长刘继仁的侄子,他没去开会,看见贺新平在集合队伍,一边进行阻挡,一边跑去报告营长。刘连长找到黄公略问道:"有人要调兵吗?谁的命令?"

黄公略装作很诧异问道:"要调兵?谁要调兵?你在这里坐着,我去看看。"

当连、排长们集中到营部时,黄公略来到了"闹饷"的士兵面前,他故意怒气冲冲地将贺新平踢了一脚,说:"闹饷要杀头,哪个不要命地要闹饷,举起手来!"

这时,贺新平背向黄公略,面朝士兵,举起了双手。士兵们见营部军需官都不怕,都跟着举了手。黄公略一见,转怒为笑,说:"要得,要得,你们是真闹饷,还是假闹饷,真闹饷就跟我营长走,我想办法马上发饷。"

此时军需官贺新平听得冷汗直冒,心想我全身上下也才 26 元钱,拿什么发饷。

黄公略望着士兵们,突然口锋一转问道:"你们连上的官长对你们好不好?"

有个士兵壮着胆喊:"我们十连刘连长,欺压士兵,经常打骂士兵。"

黄公略到了三团三营担任营长后,放了不少被抓的农会会员,7月20日还放了黄耀南等几名游击队员。三团团长刘济仁是个十分反动的家伙，他的侄子在黄公略手下当连长，将黄公略放游击队员的事密报了刘济仁，引起刘济仁的警觉，便布置对黄公略实行严密监视。黄公略早想拔掉这颗钉子，果断地说道："好，把这个刘连长抓来。"

于是，刘连长在众目睽睽之下被枪决，平时被十连长欺压已久的士兵们纷纷拍手称快。

接着，他又问道："挨户团对我们士兵好不好？"

士兵们纷纷说："挨户团对我们好是好，对老百姓不好，他们在乡下敲诈勒索。"

黄公略正要解除这股反动武装力量，抓住机会连忙说："马上解散他们。"

随即，三营士兵们行动起来，他们不仅缴了挨户团的枪，还把挨户团解散了，挨户团主任也被就地枪决。随后，黄公略又派人撤掉电话线，每个街口派四名岗哨，只准进，不准出，把店铺老板集合到一个房里，从他们身上筹集了几百元钱，每人发了六块银元的饷。

7月20日起义当晚，三团团长刘继仁听

说自己的侄子被黄公略杀了,怒不可遏,立即调兵来打。黄公略闻讯后,知道自己寡不敌众,在地方游击队的支持下,连夜离开。

当晚,刘继仁就给彭德怀打电话,咬牙切齿地说:"黄石(黄公略假名)带着士兵今天闹饷哗变了。还杀死了我的侄子十连长。"

彭德怀一听,大吃一惊:"他人在哪儿呢?"

"已经逃往南山浏、平交界处了。"

 紧急行动

★★★★★

(20岁)

听到黄公略安然离开,彭德怀的心放了下来。他和邓萍得知黄公略先行起义后,立即通知团党组织的几名党员到县立医院

正在患肝病住院治疗的黄纯一处以探望病人为名商讨对策。

1928年7月17日，正巧中共湖南省委特派滕代远到平江、浏阳，恢复被敌人破坏的湘、鄂、赣特委，以特派员身份到湘东北与各县党组织取得联系，开展工作。

邓萍按照中共湖南省委通知的接头方式，在君子巷平江县教育局对面一个叫"镜中天"的旅社内，见到了来到平江的滕代远，并向他报告了第一团的详细情况。

同时，邓萍邀请滕代远参加了一团的党支部秘密会议。在黄纯一的病房内彭德怀、邓萍、张荣生、滕代远、李灿等八人齐聚。

邓萍向大家介绍了滕代远的身份及来意。滕代远在会上传达了湘、鄂、赣特委的指示，并研究一团在适当时机举行起义。彭德怀将长沙国民党政府破获了中共特委秘密组织，

△ 滕代远

搜出黄公略签发的通行证，逼得黄公略提前起义的事与众人说了。

彭德怀说："现在情况紧急，只有起义这一条路了。"

因为起义准备还很不充分，此次起义情况紧急，风险很大，李灿表示有点担心：第一团进驻平江才一月余，与当地共产党组织尚未联系上。黄公略等三人暴露了共产党员身份，事发突然，马上举行起义可能会仓促。万不得已时，可让黄公略三人逃走，团长也可避开。但邓萍、张荣生等人纷纷支持彭德怀的意见。

彭德怀看着众人严肃地说道："决心起义，就一点也不能犹豫，犹豫就会失败。"

李灿对彭德怀非常信赖，听了彭德怀的发言后马上支持他的意见，说："我放弃犹豫，赞成马上起义。"

经过侦察，清乡委员会的反动部队，每日12时半午睡，14时半起床，这段时间除守卫者外，没有其他人在外面。于是，会议商定于1928年7月22日中午趁敌人午休时起义。

最后，会议还讨论和决定了武装起义的

时间和领导人的具体分工：彭德怀、黄纯一负责军事指挥，滕代远、邓萍负责政治工作和与地方党组织取得联系。

在研究起义军事部署时，邓萍看着军事地图说："平江县城内除警察局、民团外，没有其他的武装力量，我们放一个营的兵力就足以对付他们，但县城外100公里，就驻有敌人正规军一个团，这才是对起义最大的威胁。"

说着，邓萍指了指地图上的一个据点：

"因此，我建议在起义开始前派小股部队首先占领电报局，截断电报、电话等一切通讯设备，避免敌人向外面搬救兵。当然我们不可能完全避免敌人把消息泄漏，因此在离城30公里这里，在援敌必经的两个方向分别部署一个营的兵力，并将城内这个营的重机枪、迫击炮全部调配给他们。明天就以训练为名，将部队开赴目的地。同时，工兵连在援敌必经的两座大桥上预埋好炸药，这样就可断绝敌外援之路，确保城里举事成功。"

听完邓萍的分析，彭德怀不由对比自己小十来岁的邓萍的谋划才能刮目相看，连连感叹："邓萍同志不愧是黄埔出身，比我这个武堂出来的丘八强多了!"

接下来,邓萍开始紧张地进行起义准备工作。起草起义的纲领、各种标语、口号、传单、布告等,都由他负责。

邓萍担心士兵们对起义有情绪,除了完成分工的几项工作外,他不顾疲劳,纷纷找士兵谈话做思想工作,此外还协助彭德怀与滕代远沟通上下的联络工作,虽然十分繁忙,但这一切在邓萍眼里却是激昂乐章的前奏,想到明天的战斗,他兴奋不已。

→ 起义打响

（20岁）

1928年7月22日，上午10时。平江。

仲夏时节天气格外炎热，尤其是中午，街上空空荡荡，人们都回屋睡午觉去了，这时候只有知了在树上不知疲倦地叫着，闷热的空气中隐藏着躁动的气息。

顶着烈日，彭德怀和邓萍精神振奋地在团部召开营连排军官会议。会议上，彭德怀揭露了国民党的反动罪恶，独立一团从此脱离国民党反动政府；宣布实行为工人农民服务，成立工农兵革命政府和工农红军，拥护中国共产党，没收地主阶级的土地，实行耕者有其田。

钟表指针这时指向了11时半。

一团公营在县城东门外天岳书院大操

场正式举行平江起义誓师大会。

在这历史性的时刻,彭德怀豪情万丈,声音洪亮地向士兵们发出了起义动员令:"现在向平江县反动政府、民团、清乡队、清乡委员会发起进攻,坚决消灭他们,我们起义了!为工农服务开始了!"

话音刚落,欢呼雷动。

起义官兵们颈上挂着红带子,精神抖擞,个个摩拳擦掌,信心百倍地向平江城进发。

下午1时许,平江县城内军警官兵午睡正酣,在邓萍的率领下,八百起义勇士越过浮桥,在起义官兵以迅雷不及掩耳之势的猛烈进攻下,不足一百分钟,起义部队就顺利占领了县城。一举解除了城内反动军警两千多人的武装,缴获步枪一千余支、子弹一百万发,活捉了作恶多端的县长刘作柱和省消乡委员、挨户团大队长李铁恒及一批隐藏于县城的土豪劣绅等反动分子两百多人。

邓萍奉命率领第一营进攻平江城西文庙一带的国民党县党部、县政府和清乡委员会、保安队队部和警察局。当李灿率部攻进县衙时,县长刘作柱正在睡午觉。李灿将驳壳枪顶在他脑门上,他睁眼一看是彭团长的部队,就连声说:"别误会,别误会,我是县长。"

邓萍说:"一点也没误会,捉的就是你!"

起义军打开牢门,释放了关押的革命干部和群众。广大群众自发组织起来，游行示威，高呼口号，群情激奋，欢呼起义成功。

部队进城后，满街红旗飘扬，秩序井然。国民党旗和国旗都不见了。从监狱中放出的革命人民自动在街上宣传，游行示威、喊口号，捉反动派。标语、传单满街都是，真是人人高兴，个个喜气洋洋。人民群众来来往往，喜笑颜开，商店照常营业，没有关门现象。

平江起义成功了! 古老的平江城内，红旗招展，一片欢腾。

起义当日，一团二营也从驻地思村开到

▽ 平江起义旧址天岳书院

平江县城参加起义。翌日，贺国中率随营学校从岳阳来平江参加起义。

战事一停，邓萍即抱着大捆红纸传单、标语，和战士们一起钻入人潮中散发，散发了一会儿，他走到彭德怀身边，兴奋地说："胜利了，比预计的顺利得多！"

彭德怀也很激动："有点像革命来潮的气象！"

邓萍感叹道："国民党屠杀人民，人民恨国民党。"

平江起义是继南昌起义、湘赣边界秋收起义、广州起义之后又一次著名的武装起义。在第一次国内革命战争遭到失败，革命处于低潮时期，面对铺天盖地的白色恐怖，彭德怀、邓萍、滕代远、黄公略等共产党人不屈不挠，横眉冷对，义无反顾地发动了这次成功的武装起义。

这次起义虽然是有计划有组织地进行的，但因时间紧迫，起义的准备工作并不十分充分。由于南华安特委被国民党反动派破坏，暴露了独立五师部队中的党员，如不当机立断，发动起义，这些暴露的同志固不能保存，未暴露的同志也不易长期隐蔽下去。党在独立五师一团建立起来的一点薄弱基础，有全部被摧毁的危险。彭德怀、滕代远、邓萍等审时度势，采取坚决态度，把握时机发动起义，打击了国民党的反动统治，给正处在艰苦斗争中的革命人民以有力的鼓舞。

与此同时，邓萍在平江起义中出色地完成了党交给的各项任务,为起义取得胜利作出了很大贡献。他的学识、才华、工作能力、宣传鼓动能力以及亲临第一线以身作则的工作作风,给彭德怀、滕代远等留下了深刻的印象,也为广大官兵所称颂。

20岁的军参谋长

★★★★★

(20岁)

起义成功后,7月24日上午,中共平江县委派女共产党员胡绮等人为代表,进城与邓萍等接上了头,双方在联席会议上讨论了如何肃清县境内敌人、防堵外面敌人的进攻、武装工农群众、进而恢复党组织等问题。

决定成立县苏维埃政府,实施全县总暴动,并决定向外发展,与邻县、省党组织联系,创建湘鄂赣革命根据地,与红四军建立联系，互相声援，割据整个罗霄山脉中段。

随后，士兵委员会在团部召开会议，依照起义前团党委的决议，确定了起义军为工农红军，番号为红五军，原一团所属之一、二、三营扩编为一、四、七团，全军两千余人，并选举彭德怀为军长兼十三师师长，报中共湖南省委同意，以滕代远为军党代表，同时成立了中共红五军委员会，委员有邓萍、彭德怀、滕代远、黄公略、张荣生、黄纯一、贺国中、李灿等人，由邓萍任军委书记。

此时，邓萍还不满21岁，在彭德怀眼里，邓萍文武双全，又是黄埔军校出身，此前做兵运工作，在恶劣的环境下只能隐身幕后，现在起义成功了，邓萍应该走到

△ 红五军军部旧址只剩门框

前台来甩开膀子干了。他意识到,在今后残酷的武装斗争中,这个英俊的青年必是他军事上的最佳搭档。

于是,邓萍被委任为军参谋长,从此,邓萍担负起了协助彭德怀率领、指挥和训练红五军的重任。

下午4时,平江县委在月池塘广场召开万人大会,宣布平江县苏维埃政府和中国工农红军第五军正式成立,处决了一批反革命分子。

邓萍、彭德怀平江起义后,为什么把部队叫"红五军"呢?

原来,党代表滕代远告诉彭德怀说:"井冈山革命现在搞得真是红红火火,领头的毛润之,就是你们湘潭人。秋收起义后,他在江西建立了红四军。"

彭德怀虽然和毛泽东不相识,两人没有见过面,但是,他们都是湘潭人,两家相距不到二十里。起义后,大家商议起义军的番号时,邓萍说:"韶山冲的毛润之叫红四军,我们就在他们后面,叫红五军吧。"

红五军的建立,壮大了红军力量,开辟了湘鄂赣苏区,为红旗漫卷中央革命根据地准备了条件。

之后,红五军对下一步作战行动,开会做了专门研究,会上作为军参谋长的邓萍根据当时情况,对部队的行动方向做了重要部署,决定第七团向北发展,与鄂南群众斗争联系。第四团向南发展,与浏阳群众斗争联系。第一团在长寿街一带建立根据地,并向江西修水、铜鼓发展。以期在短时间内造成平江与湘鄂边界北段的割据局面,并向南打通与井冈山地区的联系,实现中共中央和湖南省委关于割据整个湘赣边界的计划。

军中智囊

(1929—1932)

奔赴井冈山

★★★★★

（20岁）

平江起义的枪声和红五军的成立，引起了国民党当局的极度恐慌。

平江起义时，独立五师师长周磐正在长沙公干。副师长和参谋长狼狈地逃回长沙后，周磐一听他们不仅没有杀了黄公略等人，而且连彭德怀、邓萍都起义了，气得忍不住大骂：

"彭德怀你害苦了我呀！"

长沙的《大公报》以醒目的大标题"湘省共祸未已"报道此事，省"清乡"司令部则惊呼："平江驻军叛变，聚众两万多人，将窥省城！"

湖南省主席鲁涤平看到这些报道后，把周磐叫去大骂一顿。事后，周磐觉得无脸见人，偷偷地向鲁涤平递交了辞呈，然后，拿着这些年克扣来的军饷逃之夭夭了。

看周磐如此胆小怕事，鲁涤平无奈之下不得不急令第一战区代指挥官张辉瓒飞调六个团前去围剿"叛将"。在湘鄂赣三省边界地主武装的配合下，分三路直扑平江，企图将红五军消灭在平江境内。邓萍获知消息后立即报告彭德怀，彭德怀遂即召开军事会议，决定利用平江的有利地形，争取歼敌一部后撤出平江城。

红五军退出了平江城，可是以后何去何从呢？一时间大家心里没有底。邓萍建议彭德怀说："毛泽东的红四军在井冈山搞得轰轰烈烈，不如我们就去投奔井冈山，向毛泽东取经去！"

红五军在挺进井冈山的途中多次受挫，困难重重，在敌人的围追堵截中，险些覆灭。但彭德怀、邓萍依然坚决地进军井冈山。革命胜利后，彭德怀在他的自述中说："南昌起义、秋收起义是失败了，都留存了一小部分力量在井冈山会合，形成了当时的朱毛红军，成为红军旗帜，不仅有号召作用，而且要在红军中发展成为统帅，使全军有头。"

他又说："我在1927年冬、1928年春就注意井冈山。我当时感觉，对天上有飞机，陆上有火车、汽车，水上有兵舰、轮船，且有电讯、电话等现代化交通、运输与通讯联络的敌军作战，没有根据地是不行的；不实行耕者有其田，也

△ 平江县苏维埃政府纪念币

就建立不起来根据地。在这个问题上产生了对毛润之的敬仰。"他要去取经,想弄清革命的性质,分田怎样分法等问题。尽管在向井冈山进军途中多次受挫,但他义无反顾,就是剩下他一个人,也要举着红旗,爬山越岭,奔向井冈山。

于是部队经献钟、长寿转移到平江东部的龙门。在龙门整训了部队,接着占领了江西省修水县城。

1928年7月29日,国民党军以五个团的兵力分两个梯队,向平江城外西南方的红军阵地发起猛攻,由于敌军进攻,红五军不得已撤出修水返回平江县黄金洞。红五军一团依托工事,进行顽强的抗击,杀伤国民党军两千余人,但敌我兵力太过悬殊,依旧未能阻击其进攻。

正午，第七团投入战斗，迫使国民党军第一梯队后撤，下午国民党军第二梯队投入攻击，战斗非常激烈，整个阵地上硝烟滚滚，杀声、枪炮声震耳欲聋。在闷热的天气中，战士们的怒火越烧越旺，英勇地抵御了敌人一轮又一轮的进攻。但最后，因寡不敌众，部队伤亡很大。战至黄昏时，参谋长邓萍看到浴血奋战的将士一个个倒下，心情格外沉重。与军长彭德怀商讨分析形势后，邓萍遂下令第一、第七团撤出战斗，放弃平江县城，向北方转移。

湘赣两省敌军依旧紧追不舍，继续集中优势兵力向红五军"围剿"。邓萍协助彭德怀指挥红五军在湘赣边境进行游击战争，在极为艰苦的条件下与敌人周旋。这时邓萍和彭德怀都意识到了建设革命根据地的重要性。

8月底，红五军从黄金洞出发，前往江西井冈山。

一路上，他们遭到了湘军的前阻后追，几乎每天都要激战数次，艰苦激烈的战斗伤亡了不少人，一些旧军官经不起恶劣环境的考验，有的叛变，有的临阵脱逃。四团团长陈鹏飞忍受不了艰苦，对邓萍说了一声"参谋长，我走了！"就回家了。部队的人数越来越少，面临的困难越来越多，结果，三千六百人变成了两千六百人，牺牲仍在增加和加剧。

当部队行至江西万载大桥时，又遭到鲁涤平两个团的袭击，激战了一天，敌众我寡，部队伤亡较大，不得不退回到平江、修水、铜鼓边境一带进行休整。彭德怀和邓萍第一次上井冈山失败了。

9月17日,为了避敌主力的打击,红五军转移到江西省铜鼓县的幽居,红五军军委在邓萍主持下召开紧急会议,分析了形势,总结了平江起义以来的经验教训,批判了在土地革命、城乡政策及军事斗争方面所犯的盲动主义的错误,明确了建设革命根据地的思想。

会议决定建立湘鄂赣边界特委,将红军和平江、浏阳、修水、铜鼓等县的赤卫队混编为三个纵队,下辖十一个大队。每个大队人数约一百六十至一百八十人,其余的组成地方游击队和赤卫队。遵照省委指示,彭

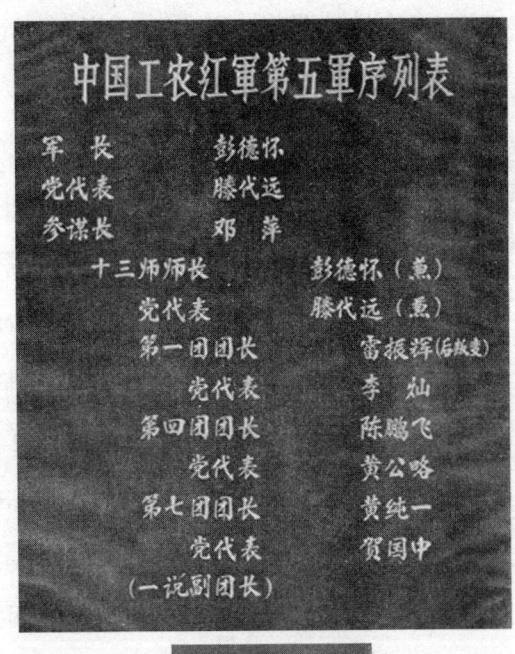

△ 红五军将领名单

德怀、邓萍、滕代远、贺国中、李灿等红五军军委成员四、五两个纵队分别向南突围,寻求与红四军会师。由黄公略率领红五军一部留在平江、浏阳一带坚持斗争。

10月,邓萍、彭德怀率领其中五个大队,约800人,500支枪,向浏阳、万载边境发展,相机南下,与井冈山朱德、毛泽东领导的红四军取得联系。

红五军转战三个多月,处于最为艰难的时期。由于环境险恶,忍饥挨饿,意志薄弱者或投机分子更是离队或叛变。一大队队长雷振辉更是泄气了,他说:"你看看咱们这身打扮,跟叫花子差不多,真没想到烂到了现在这地步,这还是什么军队啊!"

结果,在他的煽动下四大队队长李玉化密谋叛变。一天,李玉化假传彭德怀的命令,说:"军长命令我们去打民团。"

四大队官兵信以为真,结果,被他拉着全跑了。

李玉化叛逃后,同谋的雷振辉立即被彭德怀命人监视起来了。

第二天早晨,队伍集合出发前,彭德怀

进行讲话。雷振辉站在彭德怀身边,突然,他一把夺过警卫员薛洪全的手枪,对准彭德怀。就在这千钧一发之际,身材魁梧的新党员黄云桥一手扳倒雷振辉,一手拔出手枪,将他击毙。

这一幕在瞬间发生,在场的许多人都被这惊险的一幕惊呆了。

可是,彭德怀却面不改色,好像眼前什么事情都没发生似的,继续说道:

"三个月的转战,我们受到了很大损失,处境是艰险的,但我们起义是为了革命,干革命就不能怕苦、怕流血牺牲,今天如果谁还想走,可以走。但是,不要强迫不愿意走的人走!"

大家静静地听着,谁都没有做声。

此时,邓萍大声地说:"就是剩下我邓萍一个人,就算爬我也要和彭军长走到底!"

这时,队伍里战士们喊起来了:"我们不走,我们也要走到底!"

"好啊!"彭德怀一声号令,"出发!"

没有人离队,一支刚刚经过一场惊险的队伍又继续前进了。几经周折,红五军到达了铜鼓。为了隐蔽红五军主力上井冈山的意图,打乱敌人的部署,邓萍运用"欲南先北"的打法,率领红五军主力先向湖北边境推进。时近中秋,红五军在湖北通城突然向南回师,直奔江西,攻占修水。在修水筹措了一批给养,解决了冬衣,短暂休整后又南进铜鼓。是时,江西国民党军跟进至铜鼓,红五军又撤回到平江东乡黄金洞一带,接着又转兵北上,向鄂南通城、通山的九宫山地区转移。

这期间邓萍协助彭德怀率部经过艰苦转战,一直在湘鄂赣边界打游击,寻找上井冈山的机会。可是敌军前堵后追左夹右击,无法向井冈山转移。他们打了几百次仗,消灭了大批敌人,解放了铜鼓、修水以及许多重要市镇。部队自己也遭遇重创,减员一千多人,起义骨干黄纯一、张荣生等英勇牺牲。在彭德怀的军旅生涯中曾多次率领过"叫花子"军,这次是最狼狈的。

指战员的衣服褴褛不堪,冬天了,也没有钱没有工夫缝制冬衣,仍穿着打土豪没收来的各种式样的衣服。有戴礼帽的,有穿马褂的,有穿呢大衣的,五花八门,杂七杂八。

1928年12月10日,红五军在彭德怀、邓萍、滕代远的指挥下一路苦战,历时三个月,左冲右突,终于杀开一条血路,到达江西宁冈新城，在这里与红四军胜利会师。在井冈山根据地，红四军领导人毛泽东、朱德、陈毅热情会见了彭德怀、滕代远和邓萍等红五军领导人。

1928年12月14日，宁冈新城西门外人声鼎沸，万众欢呼，重现了半年前的5月4日在宁冈砻市河东广场出现过的热闹场面。上一回是庆祝朱、毛部队会师，这一回则是庆贺红四军和红五军会师。两军会师对于井冈山来说，这是大喜事。于是，两军决定在14日召开会师庆贺大会。

△ 井冈山时期的毛泽东

主席台虽然是临时搭建的，但看得出还是费了不少心思。会场上搭起了一个很大的台子，两边贴着一副字迹苍劲的对联，那是陈毅书写的：

在新城，演新戏，欢迎新同志，打倒新军阀！
趁红光，到红军，高举红旗帜，创造红世界！

△ 朱德

当毛泽东、朱德、彭德怀、滕代远登上主席台时，欢声雷动，人声鼎沸。正在这时，忽然轰的一声，主席台坍了！原来，朱、毛会师时，主席台下面放的是一只只水稻脱粒用的禾桶，放上门板，非常结实。这一回，找不到禾桶了，主席台只好就用竹子搭架子，扎上绳子，再铺门板。因此上去的人一多，承受不了重荷，绳子断了，主席台就坍了。

马上有人低声议论："哎呀，'坍台'可不是好兆头呀！"这时，朱德沉着地站在台前大声地说："同志们，不要紧，台子垮了，我们马上可以修好。无产阶级的台，是永远垮不了的!"朱德的即兴讲话,激起一片掌声、笑声。主席台很快修好了,小插曲过去了。大会正式开始。

穿一身灰布军装,头戴缀着红五星的帽子,脚穿一双黑布鞋,毛泽东显得很精神。毛泽东的讲话,总是那样的形象、生动,很容易让人听进去。他说:工农兵兄弟三个,工人是大哥,农民是二哥,兵士是三哥。工农兵占总人口的百分之八十五以上。地主、资本家是少数,掌权的军阀也是少数。多数人打少数人,谁能打得赢啊?当然是多数人打得赢!三个人打一个人,谁能打得赢啊?当然是三个人打得赢!所以工农兵联合起来,就能打遍天下!毛泽东的话通俗易懂,亲切不拗口。使那些刚刚放下锄头、穿起军装的农民们都能听懂。毛泽东还说:"今天我们有了红四军、红五军,将来我们一定会有几十个军!我们会从小到大,最后的胜利一定属于我们!"彭德怀的一脸黑胡子,今天算是刮干净了,头发也剃得一干二净的。他说得很谦逊:"井冈山革命根据地是毛党代表、朱军长领导红四军建立起来的。我们红五军到井冈山来,要好好地学习红四军的宝贵经验!"

会师之后,邓萍将党的"六大"决议传达到了井冈山。红四军前委召开扩大会议,前委书记毛泽东主持会议,红五军军委常委都参加了会议,详细讨论了"六大"决议。

值得一提的是,会后,邓萍发挥自己敏捷的才思,将"六大"十大政纲编为顺口溜,在广大红军官兵中大力宣传,一时念诵成风,广为流传。

不久,因红军在残酷的军事斗争中各级指挥员伤亡严重,红五军创办了随营军校培养红军军事指挥员,邓萍出任随营军校教育

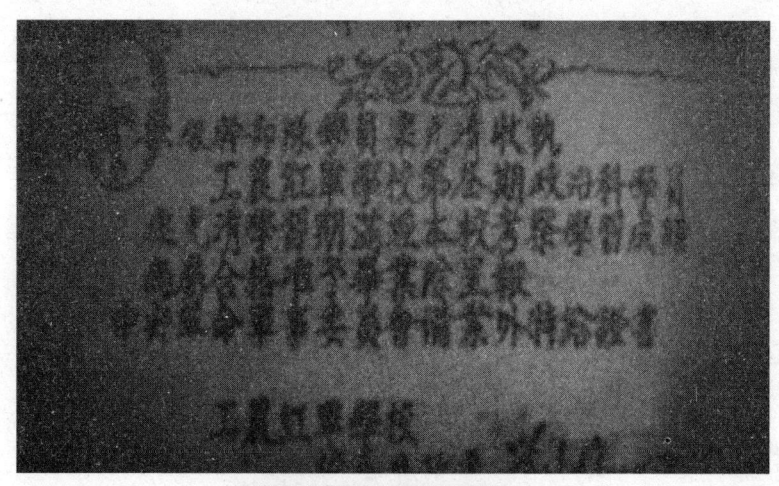

△ 工农红军学校毕业证书

长。瑞金中央工农红军学校创办后,年轻的邓萍又担任了中央红校副总队长兼教育长,为红军各部培养了大量基层指挥员。

留守根据地

(21岁)

红五军主力抵达井冈山后,蒋介石从湖南、江西、广东调集二十一个团的兵力,准备对红军进行第三次更大规模的"会剿"。为了粉碎国民党的"进剿",1929年1月4日,在宁冈县柏路村召开了红四军前委、红五军军委、中共湘赣特委和边界各县党的负责人会议,参谋长邓萍作为红五军军委的负责人参加了会议。柏路会议决定,采用"围魏救赵"的办法,由彭德怀、邓萍等率领红五军守井冈山,朱德、毛泽东率领红四军出击赣南,到外线打击

△ 柏路会议旧址

敌人,并将"进剿"的部分敌军引走,以减轻守山压力。

邓萍带着会议指示,立即回到红五军军部进行传达动员。对于红五军留守井冈山,部分官兵情绪很大。邓萍教育大家加深对留守井冈山重要性的认识,坚定留守的决心:"开始我也坚决反对五军留下来守山。五军上山才23天,各方面情况都不熟悉,又只有八百多人,敌人有三万兵马。"

"对呀!就凭我们这几个人能守住井冈山?骗鬼呀!他们怎么不留下来?以为我们好欺负!"有人喊。

说着,彭德怀也进来了,劈头驳斥:"屁话!

△ 张子清（左）、陈毅安（右）

总得有人留下吧？这是闹革命，不是做买卖，掉脑袋也得干。"

邓萍接着说："军长说得对。眼下红四军必须向山外转移，向白区发展，才有可能生存。如果我们不承担牵制敌人的任务，也回湘鄂赣，四军就有可能走不脱，井冈山和湘赣边区就可能失败，那时我们湘鄂赣也可能保不住。我们是共产党员，可不能鼠目寸光，为了长远利益考虑，有时不得不牺牲局部，只要是必要的，就得挺身而出，敢于担当重任。"

在邓萍苦口婆心的开导下，大家的情绪

渐渐缓和。

1月上旬，前委在茨坪召开扩大会议，会上毛泽东耐心地说服了红五军部分干部，指出了留守井冈山的重要性。为了加强守山的力量，前委决定留下既熟悉井冈山情况又有丰富战斗经验的张子清、陈毅安、陈伯均帮助红五军守山。为了更好地开展边界的工作，毛泽东决定调何长工任中共宁冈县委书记兼红四军三十二团党代表加强边界的领导工作。

1月14日，红四军主力三千六百余人，在朱德、毛泽东、陈毅率领下，告别了红五军全体官兵和井冈山，经小行洲、黄坳、大汾向赣南挺进。

红四军主力下山的当天，中共湘赣边界特委和红五军军委在山上召开联席会议。邓萍作为红五军的主要负责人之一参加了这次会议。会上统一了守山军民的思想，号召大家团结一心，互相支援，要与井冈山共存亡。会议具体研究了守山的措施，部署了红军和地方武装参战的兵力，调配了轻重武器，并组织守山军民筹集粮草等。

会议还对守山斗争中可能出现的各种情

况进行了讨论,并就应急措施做出决定:五井如被敌人攻破,红五军应撤出五井,取道敌人薄弱的地方,往赣南寻找红四军主力;特委则留边界指挥斗争;地主武装埋伏各县,坚持游击活动。

会议结束以后,邓萍亲自奔走于井冈山的大小五井,全面视察了五大哨口,指挥修筑工事。

1月26日,国民党军第二、第三、第四

▽ 茨坪扩大会议旧址

路军同时向井冈山桐木岭、黄洋界、八面山这三个哨口的红军阵地发起猛烈攻击。

其中，黄洋界的战斗最为激烈，敌人在迫击炮和重机枪火力掩护下，不顾伤亡连续冲击。红军凭险抗击，打退敌人接连两天的轮番攻击，战斗异常残酷。

28日夜，敌第三路军一部迂回到黄洋界侧后发起攻击，红军腹背受敌。

特别是后山上下来的这股敌军，居高临下攻击黄洋界哨口，极大地威胁着黄洋界哨口的守军。守军指挥员、红五军一大队大队长李灿率领两百多战士拼死抵抗，大部战死。李灿率幸存者四十余人边打边退，最后退到悬崖边，往下一望，几十米的崖下面是黑黝黝的树林。敌人愈来愈近，身影可见，吆喝声可闻。这时，李灿展现了悲壮的英雄主义气概，他望了望前方的敌人，又望了望身后的悬崖，严肃地说："同志们，我们誓死不当俘虏，大家跟我跳！"说完，纵身一跃，他第一个跳下悬崖，四十多名红军战士一个接一个也全部跳下悬崖。

夜幕沉沉，英雄无畏的背影却是那样震慑人心。

苍天有眼，由于悬崖下树木的阻挡和厚厚的积雪，李灿等四十多名战士竟然全部生还了，甚至连重伤的也没有。大家惊魂未定地从雪地上爬起来，整理了一下，便在李灿的率领下向山下突围，并都突了出去。

这时在茨坪红五军军事指挥中心的参谋长邓萍了解情况后立即与彭德怀一起，组织身边仅有的红军学校一百多名学员，得知黄洋界北围他们火速从茨坪出发，驰援黄洋界哨口，不幸途中与敌遭遇，经过激战，造成伤亡，延迟了时间，收复黄洋界失地的意图未能成功。接着又传来了更坏的消息，桐木岭和八面山的红军阵地也相继失守。

井冈山的形势万分危急。

两个大哨口失守，井冈山门户洞开。处境万分危急，战士们都望着彭德怀。

彭德怀的眉头拧得能打结，仰头望望灰暗的天空，他叹口气，对邓萍说："明天，湘军就要从黄洋界包抄过来，兵力悬殊太大，很难守住了，立即撤到大井，军委与地方党组织开会研究怎么办。"

➡ 临危受命

　　　　　　　　（21岁）

在此情况下，为了保存革命力量，避免红五军全军覆没的危险，红五军军委根据联席会议制定的应急措施，红五军前委召开紧急会议，研究当前的态势。

邓萍对大家说："这是我们红五军自成立以来的第一次恶战。现在进攻我们的敌人有十四个团，而我们只有两千多人。硬守是守不住的，只有当机立断，组织突围。"

邓萍指着墙上大幅军事地图的一处说道："突围地点，选在赣敌、湘敌结合部。集中我们现有的兵力，形成相对优势，出其不意，猛打猛拼，撕开一条口子。之前，前沿各部不要与敌脱离接触。'黏住'他们，暗中抽出大部分兵力，准备参加突围战斗。由我率领特务连、机枪连、迫击炮连作尖刀，待缺口撕开后，一团、七团分别作为左、右翼，形成一条安全通道，政委带领电话队、卫生队护送全部家属、伤病员快速通过，军长带四团殿后保护。"

彭德怀一听，连连摆手："不妥！不妥！我从前在湘军当兵时就到过这里，要论作尖刀、打前锋，你经验不足，你没有我合适。"

邓萍却毫不妥协，坚决地说："你是一军之长，责任重大，今后五军的发展还要靠你。再说，还有那么多的伤病员和家属需要保护，这是朱毛首长临下山时交给你的重任啊！军情紧急，莫要再争论了。"

彭德怀见邓萍态度坚决，不好再说什么，只好点了点头，心中对邓萍这种勇挑重担的精神感动不已。

按照邓萍的这番部署，红五军冲出了重围，辗转兴国，突袭雩都（今于都）并取胜。随后在彭德怀、滕代远、邓萍率领下，全军共千余人，从井冈山腹地向南突围，往赣南期望与红四军联络。

2月上旬，在遂川大汾遭到敌三面袭击，红五军指战员英勇奋战，冲破了敌人的堵截，但遭受重大损失，后勤机关、伤员等均未冲破敌人的防线，这时全军只剩下五百余人。彭德怀、邓萍立即指挥部队迅速展开，与敌顽强拼

△ 抗战时期的邓小平（左）、刘伯承（中）、滕代远（右）

搏，杀开一条血路，终于冲破了敌人的围堵，向赣南方向转移。此次战斗，损失很大。此时，部队仅剩283人。

在这十分艰难的条件下，彭德怀、邓萍感到有必要打一个胜仗来振奋士气，而且也要解决给养问题。于是率部进入兴国地区，彭德怀、邓萍趁雩都县城敌军只一个营和一些民团之机，率领部队以24小时急行75公里的速度，奔袭雩都城，全歼守敌，缴枪四百多支和大批物资。这是自井冈山突围以来打的第一个胜仗，大大鼓舞了全军上下的革命斗志。

在此极端险恶的情况下，邓萍与彭德怀

形影不离，参与和组织了重大的军事指挥行动。此后他们率部转辗至赣南大余县，后又进至兴国、雩都。在艰苦的转战中，部队连续作战，伤亡不断增加，在一次作战中邓萍也被敌弹击中，身负重伤。红五军为了避免与回援雩都的强敌对峙，主动转移到离雩都城二三十公里的小密，并决定把邓萍留在此地养伤。

3月，部队攻下雩都城之后，转移到城南三四十里的小密一带。在这里，邓萍和二十多名重伤员被安置养伤。临走时，彭德怀留下缴获的药品、罐头，向当地党组织赠送了一批枪支弹药，对其负责人反复叮嘱："一定要保护好、照顾好邓萍同志！"一席话，可见彭德怀对邓萍的器重。

而邓萍虽身留小密，但心里却时刻惦念着部队和战友。4月1日，红四军、红五军在瑞金悲壮会师。那天没有阳光，只有迷雾。毛泽东、朱德、陈毅紧紧握住彭德怀的手，彭德怀禁不住泪花闪闪。

4月初，彭德怀率领部队由瑞金开赴雩都，途经小密，伤愈的邓萍高兴地回到部队。痊愈了的邓萍眼噙泪花，双手与彭德怀紧紧握在一起。邓萍擦了擦双眼说："军长，这三个月我天天想你，想我们部队。现在我伤愈归队，向你报到。"彭德怀激动地说："欢迎归队，我断了的翅膀又重新长上了！"

1929年4月底的一天，迎着红红的杜鹃花，彭德怀率领红五军六百余人终于再次回到了井冈山。

"红军回来了！"人们奔走相告。

在红四军向外发展、敌我力量极其悬殊的情况下，邓萍与彭德怀、滕代远一起指挥部队，带领红五军打退了敌人的多次进攻，为保卫井冈山立下战功。

→ 训练随营学校

（21岁）

1929年8月，彭德怀、邓萍率领原红五军两个纵队，从湘赣边长途跋涉，回到阔别将近一年之久的湘鄂赣边根据地，同留在那里坚持游击战争的第二纵队会合。红五军主力上井冈山后，二纵队在黄公略率领下开展游击战争，活动在平江、浏阳、修水、铜鼓、武宁、万载一带的农村和县城附近，袭击挨户团和驻军，不断给敌人以沉重的打击，深受群众的爱戴，部队也渐渐壮大了。1929年4月，成立湘赣边境支队，由黄公略任支队长，下辖三个纵队。

9月2日，红五军召开了中共湘鄂赣边特委扩大会议。会议决定打通井冈山、幕阜山、九宫山，将湘鄂赣、鄂南和湘赣苏区连成一片，建成巩固的根据地。为适应形势发展，决定重组红五军军部，将彭德怀率领的两个纵队（原红五军一、三纵队）和湘鄂赣边境支队（原红五军二纵队）扩编为五个纵队，彭德怀仍任军长兼军委会书记，黄公略任副军长，滕代远为党代表兼政治部主任，邓萍为参谋长。

两支队伍又进行合编，仍称红五军，全军编成五个纵队。合编后，第二纵队由李实行、张启龙率领，留在浏阳、万载、铜鼓一带开展游击活动。彭德怀见丙子岭一带地理环境较好，根据地也比较巩固，便决定让邓萍率领红五军随营学校留在丙子岭北面张家坊的小河地区进行训练，自己和滕代远、黄公略率红五军军部和第一、第三纵队往平江、修水一带游击。

从平江起义到井冈山，红五军经过了大大小小数十次战役，取得胜利的同时，也牺牲了很多优秀的指挥官，目前为红五军培养新的优秀军官显得尤为重要。留下来的邓萍决心把随营军校办好。

此时，红五军参谋长兼随营学校教育长的邓萍从张启龙那里了解到第二纵队的党代表李志民曾当过小学教员,他一听军中还有个"知识分子",非常高兴,而此时随营学校正缺一名党支部书记,便将李志民调到随营学校担任党支部书记。当时红军中的党组织还是秘密的,对外称为"文书"。

李志民刚到随营学校,邓萍就亲自去找他谈话,把随营学校的情况介绍给他:"随营学校是红五军军委直接领导的干部军事政治学校,主要任务是培养红五军的基层军政干部。这一期学员大多是参加平江起义的老战

▽湘鄂赣革命纪念馆

士,还有一批从地方游击队、赤卫队抽调到主力部队来的骨干,素质都比较好。"

李志民一听打了退堂鼓:"我虽然当过小学教员,但军队的学校工作没有搞过,就怕搞不好工作,还是让我回作战部队吧!"

邓萍不甘心放弃这么一个人才,便又耐心地开导:"学校工作非常重要,彭老总一向很重视开办学校培养干部,早在1927年9月他就任湘军独立第五师一团团长时,就向师长周磐建议创办一所随营学校,并推荐黄公略任校长,秘密士兵会的章程作为随营学校的章程,在学校中发展秘密士兵会会员,积蓄革命力量,后来随营学校全部参加平江起义,成为我们组建红五军的一支骨干力量。平江起义后,彭老总还是坚持要把随营学校继续办下去,培养部队骨干,他自己兼任校长,要我兼任教育长。我的工作很忙,现在你来了,负责党支部工作,在政治教育和政治工作方面多负些责任,我的担子就轻一些了。"

在邓萍苦口婆心的劝导下,李志民终于愉快地答应了。

彭德怀吩咐过,办好学校,要舍得下本钱,学员要挑选好的,培养出来的骨干能一个顶一个用。而要培养好学员,必须有好的干部、好的教员。为此邓萍亲自挑选了何时达和黄世桥担任学校的大队长、副大队长。

何时达是个知识分子,长沙人,和邓萍一样是黄埔军校的毕业生,有一套军事理论,口才又好,他讲的战术、技术课很受学员的欢迎。副大队长黄世桥是行伍出身,当兵多年,很有战斗经验。他枪法很准,有一身过硬的军事本领,艺高人胆大,作战非常勇敢,给学员做示范动作十分利索,学员们都很敬佩他。

在随营学校期间两人表现都很出色,深得学员的爱戴。可惜1930年7月第一次进攻长沙时,在金井战斗中,何时达(当时任第八军第三纵队长)带领纵队冲在最前面,不幸中弹,壮烈牺牲;而黄世桥以后调到江西地方红军部队工作,在一次战斗中,他第十二处负伤,因伤势过重也光荣牺牲。

邓萍到随营学校后,也为学校画了一幅马克思相挂在"列宁室"(即俱乐部),并为"列宁室"的墙报画了刊头和插画,使"列宁室"倍添光彩。

邓萍还亲自召开"支组联席会议",要求每个支委、小组长根据自己工作的切身体会,谈谈什么样的人可以入党,党员应该具备哪些条件,怎样做一个共产党员,怎样当好支委、小组长,怎样开好支部委员会、支部大会和党小组会等等问题,每次座谈讨论一两个题目,大家充分发表意见,也可以进行争论。

在座谈讨论时,邓萍自己都要做笔记,会后加以归纳整理。经大家组织讨论进行修改补充后,将记录整理成文,编写出"怎样做一个共产党员"、"怎样当好党支部书记、支委和小组长"、"怎样开好支委会、支组联席会"、"怎样开好支部大会"等教材,最后刻写蜡纸油印出来,发给学员作为教材。

当时,这对于提高学员的政治水平,加强党的建设起了很好的作用。每期学员毕业后,都把教材带回部队,结合本部队的实际去训练。此后,这些教材经过传抄、翻印,逐渐在红五军各部队推广。在当时连队缺乏教材的情况下,这些具有经验性的宝贵教材很受欢迎,并在运用中不断得到充实、提高。

邓萍身兼数职工作很忙,但他精力非常充沛,处处以身作则,事必躬亲。他每天都很早起床,第一个站在操场上,看学员集合、出操;学员上战术、技术课,他也经常去听课、现场指导、讲评。

经过军校的严格训练的邓萍,很有军人的气质和风度,操场纪律要求很严,他常说:"操场就是战场","平时多流汗,战时少流血"。他还常教育学员说:"你们毕业后要当干部,要带兵。常言道:'兵熊熊一个,将熊熊一窝。'你们学习不好,不仅自己要流血,还会使部队遭到不必要的伤亡。"

在他的激励下,学员学习都很刻苦,成绩很好。

邓萍对学员既严格要求又关怀备至。他平时很关心学员的伙食,当时处于战争环境,学校流动性大,不可能自己生产,又没有打土豪的任务。经费全靠军部供给。邓萍为了搞好伙食,保证学员身体健康,经常找司务长商量改善伙食的办法,比如到野外演习回来背些柴火烧,采集些竹笋、野菜等,可谓精打细算,节省每一个铜板来改善部队生活。

邓萍自己生活虽然非常节俭,但对战友却是慷慨的。他了解到李志民家中有老有小,生活困难,便从自己多年积蓄的四五块钱中,拿出三块钱让李志民给家里捎去。

很多年过后,当李志民回忆起邓萍时,依然对这三块钱念念不忘,深切地怀念这位老首长。

激战长沙

（22岁）

红五军军委扩大会议后，各纵队分别在新划定的地区内开展工作，获得了重大胜利。在短短的三四个月内，红五军迅速发展到数千人，健全了各级党组织，军事、政治素质都有很大的提高；地方武装也有了显著发展，使湘鄂赣根据地逐步得到恢复、扩大和发展，湘鄂赣根据地、湘赣根据地和鄂东南根据地基本连成一片。

1930年2月，邓萍和彭德怀率红五军一、三、四纵队进入泰和，进逼吉安，与从万安、吉水、峡江前来的红六军共同对吉安取包围形势。这时，红五军接连打了几个胜仗，缴获许多枪支弹药，装备得到补充，战士情绪日高，斗志旺盛。

1930年春,国内统治阶级内部矛盾日趋激化,蒋介石和西北冯玉祥;山西阎锡山之间的大规模战争即将爆发。各派军阀无暇他顾,减轻了对革命根据地的压力。

邓萍利用有利时机率红五军一、三、四纵队连克安福、分宜、袁州(今宜春),使永新、莲花、宁冈、泰和、遂川、安福全县和茶陵、酃县一部分苏区连成一片,湘赣边根据地进入全盛时期,红五军也发展成为一支几千人的强劲队伍。

不久,红五军一、三、四纵队经浏阳进至长寿街,与从浏阳一带开回的第二纵队和

△ 红五军军委给中共中央军委的报告

从鄂东瑞昌、阳新返回的第五纵队会合，5月6日向平江城发动进攻，第二次占领平江。

为避免与敌打硬仗，邓萍决定一纵队暂留平、浏地区坚持游击战争，巩固和扩大根据地。自己率二、三、四纵队于5月8日下午撤出平江。以一部经南江桥向岳州(即岳阳)及湖北通城方向进发，给敌造成要夺岳州或通城的错觉。而主力则向东北开进，夺取修水。不久，又向湖北移动，在大冶、阳新边界处，趁敌不备击溃援敌郭汝栋旅主力，乘胜追击，一举占领黄石港。

1930年6月10日前后，遵照中共中央和中央军委的指示，红五军在鄂东南的刘仁八召开军委扩大会议，会议传达了6月初召开的全国红军代表会议和全国苏维埃区域代表大会的精神，根据两会精神，决定将红五军和红八军合编为红三军团成立中国工农红军第三军团。红三军团下辖第五、第八两军，全军团近一万人。由彭德怀任总指挥，滕代远任政治委员，年仅22岁的邓萍被任命为军团参谋长。

红军第三军团的成立，对加强红军的建设，提高部队战斗力，推动湘鄂赣苏区的发展和巩固，为红军由以游击战为主向以运动战为主的战略转变创造了条件。

红三军团成立不久，李立三为首的党中央发出了攻打全国大城市的命令，要求各路红军"会师武汉，饮马长江"。

6月15日，红三军团总指挥彭德怀、参谋长邓萍组织召开前线指挥部会议。会议对中央军委长江办事处关于湘鄂赣红军帮助鄂南与鄂东南地区暴动，切断武昌至长沙铁路和进攻武汉的指示，进行了认真的研究。

邓萍和彭德怀不赞成攻打武汉，会上邓萍作了发言："以红军现时的力量，是不能搞城市暴动的，否则，只能做无益的牺牲。武汉有敌军五个团据守，且有坚固的工事。岳阳、阳新分别有国民党钱大钧部十二个团和罗霖部一个师驻守。我军如进攻武汉，钱、罗两部必然尾随夹击。红军前有坚城，后无退路，有全军覆没的危险。因此应先消灭鄂东南六县地主武装，进而西进攻占湖南岳阳，作为攻打武汉的准备。"

邓萍的话得到了大家的赞同。最后决定听取他的意见，放弃打武汉，转攻敌人兵力比较薄弱的长沙，由此拉开了二打长沙的序幕。

1930 年 6 月下旬，红三军团突然以风驰电掣般的速度，先后攻占湖北的咸宁、蒲圻，接着，迅速占领了离武昌只有 50 公里的鄂城、嘉鱼，然后，放言要攻打武昌。

此时，湖北黄梅、广济等地的游击队正在武汉东西活动，湘鄂西的红四军、红六军也在石首、公安、松滋运动，有东下武汉之势；而鄂豫皖边区的红一军红一师已逼近武汉以北的平汉路。各路红军齐头并进，逼近武汉。

7月1日，红三军团相继进占蒲圻县的赵李桥、羊楼洞和湖南省临湘县城和楼司、城陵矶、云溪等城镇，进抵岳阳附近地区。至此，红三军团完成了中央军委赋予的切断武（汉）长（沙）铁路的任务。

眼看武汉岌岌可危，旦夕就要陷入红军强攻之中。国民党武汉行营极为恐慌，急调驻岳阳的钱大钧部两个师十二个团星夜赶赴

▽ 红三军团攻占长沙地图

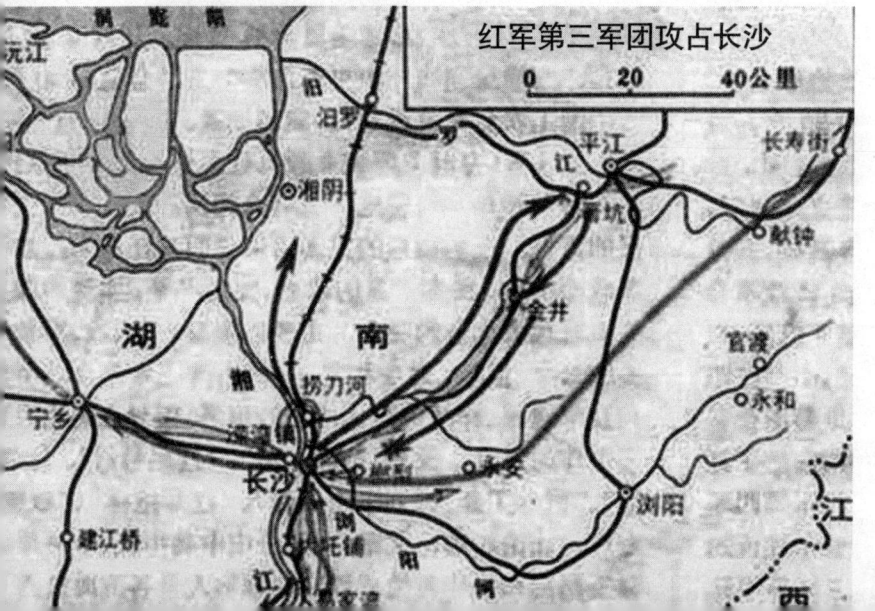

武汉，加强武汉的防御力量。此时，岳阳仅驻国民党军何键部一个团。依据敌情的这一变化，参谋长邓萍及时向彭德怀建议，应先吃掉岳阳之守敌。

夏季的夜晚依旧闷热不堪，连日的急行军已经使战士们疲惫不堪，一路上没有人说话，只听得见红军官兵们刷刷的脚步声。但他们心中是兴奋的，奔向岳阳，消灭敌军！

随军前进的邓萍也累得气喘吁吁，他看见士兵们依旧斗志昂扬的神情，欣慰地笑了笑，他抬头向远处眺望，岳阳就在眼前了。

红三军团连夜挥师西进，进攻岳阳城。4日，红三军团向岳阳发起攻击，经过两小时激战，歼敌两个营。攻占岳阳后，残敌在帝国主义军舰的掩护下，乘船逃往君山。这次战斗，红军缴获长短枪五百余支，机关枪十八挺，七五野炮四门，山炮十二门，子弹、炮弹二百五十余担，及大批军用物资和粮食。

红三军团攻占岳阳后，敌急调长沙、武汉兵力联合向岳阳反扑。红三军团趁敌主力尚未集中之际，于7月6日主动撤出岳阳，重返平江苏区，中旬进到平江及其周围地区。彭德怀、滕代远、邓萍鉴于部队疲劳，同时考虑部队需按规定改编，决定在此作短期休整。

首先将军以下的纵队、支队改为师、团建制。部分干部职务作了适当调整。军团参谋长邓萍兼第五军军长、张纯清任政治委员，下辖第一、第三师。第一师李实行任师长，吴溉之任政治委员；第三师郭炳生任师长，朱荣任政治委员。

这时，红三军团得知驻守长沙的国民党湘军何键正率手下在湘桂边界同桂系李宗仁的部队混战，长沙城守备力量薄弱。在平江，彭德怀在天岳书院门前召开了纪念平江起义两周年大会。这时，平江、浏阳、修水、铜鼓等县的游击队、赤卫队和农民又像当年那样行动起来，组织担架队、运输队、慰问队，从四乡纷纷开来，誓师协助红军攻打长沙。

红三军团在平、浏工农群众武装支援下，趁湘军第四路军主力在湘桂边界、湖南省会长沙的兵力薄弱之机，于7月22日，忽然弃岳州城返回平江，沿平浏边界向长沙推进。

长沙守军获知彭德怀和邓萍在平江又准备要打长沙，急电何键回省"坐镇压敌"。何键匆忙从衡阳调第十九师第五十五旅赶到长沙，会同留守长沙的第十五师第四十五旅共约七个团的兵力，归第十五师师长危宿钟统一指挥。危宿钟受领重任后，决心要露一手，好在上司那里显示一下自己的本领。

危宿钟率两个旅分两路杀向了平江，7月19日由长沙沿长（沙）平（江）大路向平江县城推进，对红三军团实行"进剿"，企图先发制人，一举消灭红军，解除对长沙的威胁。

红三军团得悉上述情况后，迅即作好了在平江城外迎击敌军的准备，并计划在击退敌军进攻后乘胜向长沙进攻。7月23日拂晓，敌先头第五十五旅进到平江城西南15公里的晋坑、三角塘一带，后续部队第四十五旅等部进至金井、春华山一线。

邓萍抓住敌人呈一线部署、兵力分散的弱点，决定集中力量，首先歼灭敌先头部队，然后跟踪追击。遂命令部队向晋坑之敌发起进攻，以一部兵力从正面堵截，以主力和湘赣边红军独立师从两侧实施包围攻击。经过激烈战斗，歼敌第五十五旅约一个团，余部向金井奔窜。

第二天，红三军团指战员乘胜追击，迅速迫近金井。分两路向金井守敌发起攻击。红八军从正面进攻，红五军一部插到敌后，断其退路，主力占领金井东侧的要地，同红八军一起向金井发动猛攻。在湘鄂赣边红军独立师与苏区人民群众的大力支援下，经过数小时的激战，攻占金井，残敌第四十五旅大部，向永安、榔梨、长沙溃退。

此役红三军团缴获长短枪数百余支，轻重机枪六挺。

红三军团攻占金井后,何键惊慌失措,急调四个营沿浏阳河构筑工事,分段固守;可是,他还是不放心,又星夜从湘桂激战前线撤兵,驰援长沙。为稳住长沙的局势,何键又出示布告曰:市民住户不要惊慌,本人决与长沙共存亡。

金井战斗后,红三军团对溃逃之敌衔尾追击。27日拂晓,红三军团从金井、春华山一带向长沙开进。红五军强渡榔梨河,在七里巷与刚刚从衡阳调回的何键手下刘建绪部展开激战。刘建绪部正面火力很强,彭德怀命红八军一部跑步至杉木巷,从左后侧向敌包抄,掩护红五军正面冲锋。

在两面夹击下,敌军守不住阵地,纷纷向长沙城内逃窜。红三军团乘胜追击,直抵长沙城下,并乘长沙守敌惊慌未定之际,对长沙发起进攻。于当日晚9时攻占了湖南省会长沙城。

红军一进城,信誓旦旦"决与长沙共存亡"的何键在慌乱中只身潜渡到湘江西岸,才逃了一命。

至此,长沙战役胜利结束。

由于国民党军集中重兵反攻,长时间占据长沙是不可能的。当何键集中兵力反扑时,红三军团为保持主动,于8月6日及时撤出长沙向平江地区转移。

8月9日,红三军团到达平江县长寿街地区休整,第五、第八两军进行混编。邓萍兼红五军军长。

8月23日,根据中共中央的指示,红一军团、红三军团在湖南浏阳会师,由红一军团和红三军团正式组建了中国工农红军第一方面军。红三军团仍然是彭德怀任军团长,邓萍任参谋长兼红五军军长。之后,二人依旧携手并肩,领导了多次著名战役,参加了中央苏区历次反"围剿"。邓萍杰出的军事才华和危难之际勇挑重担的革命精神,一直为彭德怀所钦佩。

8月28日,前委会议任命邓萍为长沙警备司令。邓萍在市内四处张贴布告,组织部队镇压残余反动分子,迅速恢复社会秩序,并宣布成立省苏维埃政府。在长沙期间,红军扩大七八千人,筹款四十万元,解决了被服、医药等方面的困难。

红三军团攻占长沙是第二次国内革命战争

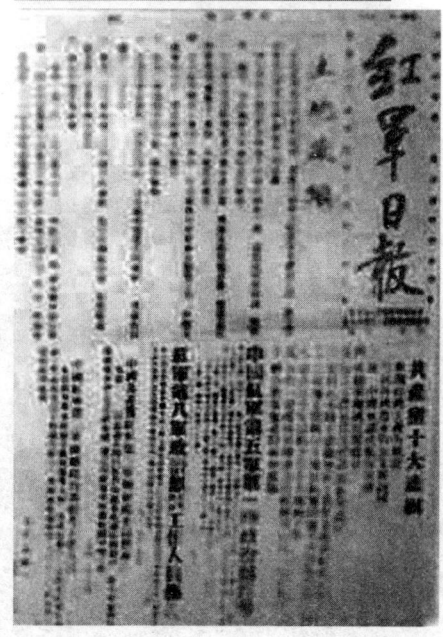

▽ 红三军团攻占长沙后在长沙出版的《红军日报》

时期的十年中，还处于弱小地位的红军所打下的唯一省城，年仅22岁的军团参谋长邓萍，在其间起着积极的重要作用。他协助彭德怀指挥八千红军，在地方部队的配合下，从平江出发向长沙进攻，三天打了四仗，行程七十多公里，运用伏击战、进攻战和阵地攻坚战相结合的战术，长驱猛进，打败了三万多敌军，一举占领长沙城。长沙之战，共俘敌四千多人，缴获长短枪三千多支，轻重机枪二十八挺，迫击炮二十多门，山炮两门，电台9部，弹药、物资甚丰，取得了辉煌的战果。

长沙战役的胜利，沉重地打击了国民党的反动统治，扩大了共产党和红军的政治影

▽ 1930年7月底，中国工农红军第三军团攻占长沙后，长沙民众召开庆祝大会。

响,震惊了国内外。对全国革命运动所产生的影响非常之大,极大地振奋了人民的革命精神。

粉碎"围剿"立战功

(22—23岁)

9月,根据指示,邓萍又指挥红五军参加两次进攻长沙的战斗。尔后,邓萍协助彭德怀、滕代远指挥红三军团攻占袁州、峡江等地,策应红一军团攻克吉安。不久,邓萍率领红五军随军团东渡赣江,开赴永丰以南的小布,参加了中央革命根据地第一次反"围剿"作战。

1930年12月到1931年4月,我军连续两次粉碎敌人"围剿"后,在彭德怀、邓萍的领导下,红三军团转移到江西黎川县做群众工作,积极筹款,准备粉碎蒋介石的第三次进攻。

敌人两次"围剿"失败后,蒋介石在南昌建立了宣抚使署,阴谋对我军高级将领进行策反工作。国民党委任了红三军军长黄公略的堂叔黄汉湘为宣抚使,并派黄公略的异母哥哥黄梅庄暗中窜到黎种进行活动。

邓萍得知后,便同滕代远、彭德怀等人进行了研究,决定从黄梅庄处抓到证据后将其处决,再告黄公略,断绝蒋介石的幻想。

▽ 中央革命根据地第二次反"围剿"要图

主意已定,彭德怀马上约见了黄梅庄,并盛情款待,黄梅庄不胜酒力,几杯酒下肚后,就将蒋介石想以高官厚禄收买彭德怀、黄公略的事合盘说了出来。

彭德怀义正词严地拒绝,然后毫不客气地将他送三师师部处决。当下,邓萍又以黄公略的名义给蒋介石写了一封回信,内容是:蒋贼卖国,屠杀工农,罪当处剐;汉湘附逆,亦将引颈受诛;梅庄甘当走卒,还尔狗头,以做效尤。将黄梅庄处死后,砍下头颅,用石灰腌起来,盛在一个篮子里,交给他的勤务兵带回南昌。不久,蒋介石将南昌的宣抚使署取消了。

在频繁转战中,邓萍因负过重伤,旧伤复发,身体极度虚弱。但他依然奔走在前沿阵地,出入于枪林弹雨之中,为反"围剿"斗争的胜利作出了积极的努力。

1931年5月,邓萍参与指挥了以弱胜强、15天击败敌军20万的大会战,为粉碎敌人对中央革命根据地的第二次"围剿"立下了汗马功劳。

"红埔"军校

（23—24岁）

当进入大规模反"围剿"作战时期，战争发生着许多重大变化，随着战争的发展和红军的扩大，加强干部培养机构的建设，迫切地提到了红一方面军建设的议事日程上。

1931年秋，中央红军取得了第三次反"围剿"的胜利。红军进行整编，将军部撤销，军团部下直辖师。根据这样的形势，毛泽东和朱德决定，在中华苏维埃共和国临时中央政府所在地瑞金，创办一所中央红军军事政治学校。10月的一天，朱德、毛泽东在江西宁都小丰方面军总部召见了红三军团参谋长兼红五军军长邓萍和红八军军长何长工，谈创办红军学校的事。

毛泽东对何长工和邓萍说：我们决心下点本钱，"镀"这个红点子，调你们两位军长来办学校，搞个培养干部的基地，北伐时期有个黄埔，我们要办一个"红埔"。新旧军阀都懂得有权必有军，有军必治校这个道理。我们是人民的军队，虽有人民的支持和参加，但为战胜敌人，也需要办校、治军，学习战略战术，培养自己的军事人才。

根据毛泽东的倡议，由闽西红军学校和一、三军团的两个随营学校合并组成了"红埔"，于1931年10月25日在江西瑞金正式成立，当时定名为中央军事政治学校。邓萍被党中央调往瑞金，任命为副总队长兼教育长，与何长工一起筹办瑞金中央军事政治学校，因此暂时离开了彭德怀。

为此，红一方面军总政委毛泽东对他说："这次为了调你来，我把德怀同志'得罪'了，当我和他在电话上商量时，他坦率直言，对我有很大意见；但又说，身为军人，以服从为天职，只好暂时忍痛割爱了。我连连表示歉意，这件事情真对不住他喽！"

红军学校校部在瑞金城里谢氏祠堂，各

学生连住城南校舍。由刘伯承主持的中央军事政治学校第二期于1932年2月1日开学。周以栗任政治部主任，邓萍负责训练工作。当时学校教职员工和学员1380人，其中有15名专职教员，学员783人。共分三个科：步兵科，有三个连，第一连连长龙云，指导员张华；第二连连长彭绍辉，指导员石衡中；第三连连长粟裕，指导员刘西平。政治科一个连，连长郭耀山，指导员伍修权。特科三个连，即机枪连、工兵连、炮兵连。中央军事政治学校第二期于5月15日结束。

在中央军事政治学校第二期工作期间，邓萍一共主持了三个月的红军学校工作，在办学过程中，邓萍为培养优秀的红军指战员呕心沥血。他依照根据地的现有条件，采取一切办法开展军事训练教育、编写教材、制定教学方法。他既重视军事科目，同时本身爱好书画的邓萍又非常重视文化、文艺等科目。

基于邓萍在军事参谋工作方面和部队政治工作方面都有着较高的水平和丰富的经验，革命工作由战场转入课堂，为红军培养了大批人才。

完成了在瑞金的任务后，在彭德怀的电话催促下，1932年3月，邓萍又回到红三军团，继续担任军团参谋长兼红五军军长，与彭德怀一起，率领部队投入了第四次反"围剿"斗争。

将星陨落

(1933—1935)

危急关头

（25—26岁）

1933年2月，红三军团攻打南丰，强攻未克，遂改强攻为佯攻和一军团一道转移至宜黄、乐安一线以南，侧击东进之敌，消灭援敌两个师，宜黄之敌一个师范院校向南出击，亦被歼灭，活捉敌师长，胜利地粉碎了敌人的第四次"围剿"。之后，红三军团改称东方军，邓萍任参谋长。1933年7月任红军东方军参谋长的邓萍，参与指挥所部入闽作战。在中央苏区，邓萍南征北战，战功卓著，成为红军的著名将领。

1934年1月，在瑞金召开中华苏维埃共和国第二次全国代表大会，邓萍被选为中央执行委员会候补执行委员。

1933年夏末，不甘心四次"围剿"失败的蒋介石，纠集百万兵力，在飞机大炮的配合下，采取"步步为营，稳扎稳打"的战术，向中央苏区发起了第五次"围剿"。此时，毛泽东已被排挤出红军的领导岗位，把持中央大权的是临时中央负责人博古和共产国际军事顾问李德，前四次反"围剿"的战略战术和成功经验被否决，李德、博古提出了所谓"御敌于国门之外"、"不让敌人铁蹄践踏苏区一寸土地"等僵死、教条的战术口号，在这次反"围剿"作战中犯下了"进攻中的冒险主义、防御

△ 根据地人民热烈庆祝第四次反"围剿"胜利

中的保守主义、撤退中的逃跑主义"的错误。

10月18日，敌军七个师在红三军团正面的资溪、黎川地区构筑一条长100公里、宽20公里的防线。碉堡密布，重兵云集，由轻重机枪组成的火力点每隔10米就有一个，其企图就是吸引红军前来进攻，消耗和消灭红军。遵照临时中央的命令，红三军团在黎川向敌人发起进攻。战至25日，红三军团不但没有达到预期的作战目的，反而伤亡惨重，不得不拖着疲惫之师退出战斗。

作为红三军团参谋长的邓萍忧心如焚。彭德怀、邓萍、滕代远几个人清点了人员伤亡、武器毁损情况，无奈之下准备联名给中革军委提出两条建议：一是我军应充实和集中现有兵力，向东北方向突击，以掌握战场的主动权；二是外线兵力向赣东北作战，威胁芜湖、景德镇。

细致的邓萍伏在地图上仔细研究了战场上的敌我态势，又令作战参谋报告了我正面和侧翼敌人的火力、兵力情况，思索了一会儿说："军团长、政委，我建议在第一条中加上'背靠资溪，向金溪、贵溪方向挺进'，这样就更具体了。"彭德怀和滕代远都投以赞许的目光，连连称是。

而在签发电报时，彭德怀在原先商定的署名"彭、滕、邓"中暗暗划去了"邓"。这封电报发出去后不久，滕代远被调离。到了1934年1月，彭德怀的中革军委副主席也被免掉。当邓萍了解到事情的原委时，对彭德怀如此保护自己，内心

△ 李德

不由得十分感动。他向彭德怀表示谢意,彭德怀只是淡淡地说:"我和政委是军团的主官,别人的意见和建议最终要我们定夺,当然必须署名。而你是参谋长,可署也可不署。"

8月17日,临时中央命令红七军团进攻滏弯的强敌,战斗陷入胶着状态。李德亲自打来电话命令红三军团增援。红三军团增援部队突遭敌伏击,伤亡一千一百多人,不得不撤出战斗。

9月,蒋介石以北路军对黎川发动进攻为导线,开始了对中央苏区的第五次"围剿"。

不久后的一天,邓萍接到通知,从前线赶到瑞金,参加由中革军委召开的参谋长工作会议。李德在会议上说从现在起,各军团必须在泰宁至广昌的一百多公里路上构筑半永久性工事、碉堡,形成坚固阵地,并寻机向敌人"短促突击",这样才能"使神圣的中华苏维埃国土免遭白军的玷污"。

回到军团，邓萍向彭德怀汇报了李德的这番"高论"。听罢，彭德怀对邓萍愤愤地说："前一段，说什么'御敌于国门之外'，不敢诱敌深入，反而强令我们向强敌进攻，不仅没有消灭敌人，阻止敌人的推进，反而使我们被动挨打……单是我们三军团，就伤亡了四千多人。想起那些牺牲了的同志，我就心如刀绞！赣南农民的生活十分贫困，要把一个细伢子养大成人，老百姓是多不容易啊！"

邓萍知道彭德怀自幼家境贫寒，深知百姓之苦，而自己同样是盐工家庭出身，也深有感触，他善解人意地说："军团长爱兵如子，这是大家都知道的。我在军校受过正规的军事理论教育，深知战争中对立统一的两个方面——防御和进攻、运动战和阵地战、武器装备的优良、兵力的强弱等都是相互依存、相互转化的。关键是要因地制宜，因势利导，随机应变，切不可僵死、教条，就像诸葛亮说的'运用之妙，存乎一心'。一个军事统帅的痛苦，莫过于深谙这些道理而又不得不服从与这些道理相悖的命令。"

邓萍的话一下子说到了彭德怀的心坎上，彭德怀欣慰地说："幸好还有你的支持，要不然真是被这些人气死了！"

1934年4月，敌人以七个师、一个炮兵旅的重兵在飞机的掩护下向中央苏区的北大门广昌发起猛烈进攻。中革军委命令：由红三军团防守广昌，不许放进一个敌人，违者军法从事。军令一下,彭德怀、邓萍不敢怠慢,忙组织全军团一万两千人进入阵地,调集精壮战士日夜抢修工事、碉堡。在军团司令部,彭德怀再次向前来视察工作的李德、博古进言:"敌人有七个师的重兵和飞机大炮,火力凶猛。而我们才一万两千人,再坚固的工事也经不住敌军轰炸,死守是守不住的,一万两千人只会全军覆灭。建议改为机动防御,只留一个连在正面吸引敌军进攻,主力隐蔽在城外附近的大山中,待敌人蜂拥进城时,我们主力抓住时机出山猛袭敌军侧翼。"但李德、博古对彭德怀这番话不以为然。

彭德怀看李德、博古一副无动于衷的样子,连忙又拿出一张"广昌机动防御首长决心图",这是邓萍昨天连夜绘制的。李德看了一会儿地图,忽然拿开了嘴上的烟斗,吐出了一团烟雾和一句话:"这幅图是谁绘制的?"

彭德怀如实回答。听了彭德怀的回答后,这位"图上作业专家"瞪起了褐色的眼珠子:"我发现有两个问题。一是阵地上的火力配置标绘得不详细。按照我的要求,每一挺机枪、每一门迫击炮在什么位置都必须画清楚。二是等高线的弯曲与我那里的地图不一样。"

彭德怀见李德根本不谈战略战术思想，一味在枝节上纠缠，压住火气解释说："'首长决心图'是体现战略战术思想的，不必要也不可能标注轻火器的配置位置，这是我们中国红军和军事学校的规程。再说，这一带的地图是'问测'的，不是'实测'的，你的地图和我们的地图比例也不一样，等高线的弯曲误差在所难免。"

李德的嘴角浮起一丝轻蔑和嘲讽的笑："你这是狡辩。我曾经批评过刘伯承同志，说他白在苏联上了几年伏龙芝军事学院。我听说邓萍同志是黄埔军校毕业的，但看了这份有许多常识性错误的图后，我也不得不对邓萍同志提出同样的批评，他的黄埔军校也是白上了！"

听到李德口出狂言，肆无忌惮地侮辱邓萍，彭德怀忍无可忍，他"呼"地站起来，怒不可遏地指着李德说："邓萍同志和我并肩战斗了六年，给我出了不少好主意，打过多少战斗？你知道吗？他的军事才华，岂是你李德能够比的！"

李德恼羞成怒，他没想到对方会直接指着自己骂，顿觉颜面大失，冲着彭德怀大吼："你们必须执行中革军委的命令，不准有一丝改动。否则，后果自负！"在场的人连忙劝阻，有人提议李德不如先去布防现场看看再商量，气氛这才稍有缓和，最后两人不欢而散。

在李德、博古的强迫命令下，红三军团与兵力和装备

△ 博古

都占优势的敌人阵地对垒，伤亡日增，减员严重。到了后来，一天伤亡就超过一百多人，弹药也快耗尽，不得不撤出战斗。刚一安顿下来，怒容满面的彭德怀就扬鞭策马，急急地朝十六公里外的中革军委前敌指挥所奔去。

黄昏时分，彭德怀气呼呼赶回司令部。邓萍一看他的神色就明白了，准是受那李德、博古的气了。于是递过一大碗凉茶，又令勤务兵打来一盆清水。彭德怀喝茶、洗脸后，脸色稍稍缓和，二人坐下吃饭。邓萍关切地问道："你不回来，我也吃不下饭。谈得怎么样？"

彭德怀说："我和李德大吵了一架。我拍桌子，他砸杯子；我骂他'崽卖爷田心不疼'，他暴跳如雷，骂我贪生怕死、擅自撤退，把敌人放进苏区，扬言要对我执行军纪。博古也在旁边帮腔，叫我要正确对待组织的处理，把自己的心态放平。吃完饭，我就把两件旧军服打进背包，等着保卫局的人来。"

邓萍往彭德怀碗中夹了两块腊肉，说："李德根本不懂中国南方丘陵水网地带如何作战，却素来以太上皇自居，飞扬跋扈，不可一世！连身经百战、经验丰富的我军高级将领，也要被他讥讽斥骂。对这种人，你骂得好！也出了我长期憋在心里的恶气！他瞎指挥，造成了那么大的恶果，全军早就怨声载道了，他还敢来抓人?！"邓萍的支持、理解，使彭德怀得到了莫大的安慰。

 长征开始

（26-27岁）

1934年10月10日，在错误路线的指挥下，红军第五次反"围剿"失败，不得不进行战略转移。中共临时中央和中央军

△ 遵义会议开会的会议室

委率领红一方面军主力五个军团和军委纵队共86859人，从江西瑞金和福建的长汀、宁化等地出发，开始长征。

10月21日晚，红三军团作为左翼护卫，掩护着庞杂的中央机关进入了五岭山区。蒋介石调动40万兵力，分五路布成前堵后追、左右侧击的态势，希望在湘江东岸与红军决战。于是行至广西境内，在湘江上游的全州、兴安之间同凶悍的桂军发生激战，这就是著名的"湘江之战"。红三军团同友军一样，遭受了重大损失。下属红六师参谋长杜中美、十团团长沈述清阵亡。

红一方面军在长征中，历经百战，但真正对全军生死攸关的当首推湘江之战。林彪的一军团与彭德怀的三军团为了中央纵队及整个红军的命运，与湘、桂军进行了前所未有的惨烈厮杀。湘江之战，以红军惨败告终。八万六千红军官兵，牺牲和失踪约三万一千人，被俘约六千人。殿后的红八军团不复存在。湘江东岸的红三军团六师十八团和红五军团三十四师全军覆灭。其余各部编制在湘江之战均只剩不足半数，官多兵少，红军大量缩编。

中共的军史上，湘江战役虽然惨败，但是，作为红军开路先锋而牺牲的革命烈士，为挽救整个中共和红军功不可没。1934年11月、12月，湘江和潇水之间，中共和红军从死亡线上走了出来。可以毫不夸张地讲，没有湘江边的这些勇士，就不会有长征的胜利。

10月18日，中共中央在贵州黎平召开政治局会议，决定放弃北上与红二、六军团会师的预定计划，改向敌人力量薄弱的贵州前进。

1935年1月9日，红军占领遵义。15日至17日，中央政治局在遵义召开会议，重新确定了毛泽东在全党、全军的领导地位。从19日开始，红军各部在毛泽东的指挥下开始"四渡赤水"。

为粉碎敌人的堵截和围追，担任右路前卫的红三军团同敌人展开了浴血奋战，身为军团参谋长的邓萍，深入前沿，哪里有危险就出现在哪里，完全不顾自身安危，和广大红军战士一起冲锋陷阵，终于连续打破了敌人的四道封锁，掩护了中共中央和红军主力顺利转移。

在突破国民党第二、三道封锁线时，红三军团广大指战员英勇善战、勇往直前，受到中央军委的表彰。11月11日中央军委曾致电各军团首长，赞许"三军团首长及三军团全体指战员在突破汝城及宜郴两封锁线时之

▽ 红军过湘江（漫画）

英勇与模范的战斗动作"。

但由于敌人的强大和红军的仓促应战,致使红一方面军付出了沉重的代价。部队渡过湘江后不久,为避开敌击大军的锋芒,邓萍等率领部队转至贵州境内。

△ 红军总司令部关于遵义战役的战绩统计

1935年1月15日至17日,中共中央政治局在贵州省遵义城召开了扩大会议,重点总结了第五次反"围剿"失败的教训,集中批判和纠正了"左"倾冒险主义在军事指挥上的错误,重新肯定了毛泽东正确的战略方针和作战原则,会议增选毛泽东为中央政治局常委,确立了毛泽东在中共中央和红军中的领导地位。

遵义会议的精神立即传达到广大红军指战员中,当邓萍听说毛泽东重新回到红军领导岗位上时,从内心感到欣慰和喜悦。

1月19日,邓萍与彭德怀率红三军团由

遵义南白镇（时名懒板凳）迅速摆脱敌中央军周浑元、吴奇伟部的追击，向土城前进，于1月29日第一次渡过赤水在云南、贵州、四川三省交界的云南威信扎西进行缩编。根据中央军委命令红三军团缩编为第十、第十一、第十二、第十三共四个团。当时蒋介石调集川军、滇军向红军紧逼。为了摆脱敌人的包围，争取战略主动，红军再次渡过赤水，折返黔北。

 勇夺娄山关

★★★★★　　　　　　　　（27岁）

2月23日，中革军委电令红三军团必须在本月底前重占遵义，以调动敌人南返。24日，彭德怀、杨尚昆（接替滕代远任军团政委）、邓萍率部队从川南向南急行军，扑向通往遵义的要隘——娄山关。到了之后才发现，黔军已先我占领了这座通往遵义的北大门。

这娄山关位于大娄山山脉中段，群峰插天，主峰点金山，海拔1447米，中通一线，关口两边崇山峻岭，唯有一条道路相通，是川黔两省交通要道，遵义城北依娄山屏障，南临乌江天险，自古为兵家必争之地，要取遵义必先攻克娄山关。

这时，天空中飘起了阵阵雨夹雪，寒风刺骨。彭德怀、杨尚昆、邓萍三人好像完全没有感觉到恶寒的天气似的，在一个破旧的油纸伞下，紧张地开起了紧急作战会议。彭德怀说："此次不仅要拿下娄山关，打通去遵义的通道，还要将山上的敌人全部消灭，避免其溃逃进入遵义，给我军下一步攻城作战增加困难。"

杨尚昆点点头："是歼灭而非击溃，这是作战的指导思想。"

"限黄昏前后夺下娄山关！"

1935年2月26日，按照两位首长的要求，邓萍做了部署并亲自指挥了这场战斗。

夺取点金山的任务，给了十三团第一营。

十三团在强攻关口之时，邓萍、彭德怀在红花园指挥所里命令十团、十一团从关左右两侧迂回打击黔军。其中的十一团，从娄山关右翼远击迂回板桥的敌人，切断其退路，黔军的指挥所，设在关南离娄山关二三十里的板桥。

十三团第一营，为夺取点金山，组织了两个梯队。当第一梯队向点金山发起冲锋时，第二梯队在山林中隐蔽集结。

红军火力，全部对着黔军猛烈射击，随即，隐蔽在山林中的战士，忽然从丛林中杀出，如天外来将，嘹亮尖利的冲锋号，伴着战士们如惊雷落地般的冲杀喊声，在悬崖峭壁上陡地响起，其声如雷，气势如虹。英勇无畏的战士，山呼海啸般向敌人阵地奋勇扑去，毫不客气地向敌人砸去如雨的手榴弹，投向负隅顽抗的黔军。在烟尘滚滚、红光闪射的一片喊杀声中，红十三团战士夺得了点金山，一面已经破旧的镰刀斧头红旗，在点金山上傲然飘扬。

十三团的战士，站在点金山上，四望群山，历历在目，稍远的娄山关，也清楚地呈现在他们眼前，只见敌人一堆一堆地在关口附近各隘口加修工事。娄山关虽然不远，然而仍需翻越两个山头，方能到达。而这两个险要的山头，却被黔军占据着。敌人的机枪，持续不断地向着十三团战士射击。敌人在作最后的挣扎。

天渐渐黑下来。娄山群峰，暮霭四合，一阵细雨，在山顶飘飘洒洒而来。守卫在点金山上的十三团第一营战士，完全忘了饥饿与疲乏，淋着小雨，在团长彭雪枫的直接指挥之下，顺着杂草丛生的乱山坡，在火力的掩护下，一个劲朝敌人前方控制的山头冲去。

黔军前线指挥官知道丢失山关的严重后果，挥着手中马刀向溃退下来的士兵砍去。于是,那些怕丧命的"双枪兵"，只得端起九子枪，吆喝着一窝蜂向红军夺得的山头反扑上去。

就这样，在双枪兵的疯狂反击下，一营夺得的山头，又被黔军反攻夺去。

为了抢夺娄山关侧的一个高地，十三团一营与黔军六团士兵在黄昏的山关之上，打起的拉锯战竟达四次。敌人终于溃退了。十三团指战员奋勇越过去，终于夺得了山关。

彭德怀和邓萍在红花园的军团指挥所里，极为关心前方的战况。邓萍跟着彭德怀，步出临时搭盖的小棚，急速跑上一座山峦，用望远镜观察娄山关上的情况。

娄山关方圆十来里的山冈，织成一片火海，那峭壁嶙峋的点金山上，更是火光交织，硝烟滚滚，战士们正在那儿与黔军展开激烈的战斗。

彭德怀问身边的邓萍：

"十三团有消息吗？"

"电话不通，是否电话线被炮火轰断了？"

"迂回的部队到达什么地方?他们的情况如何?"

"十一团由于是远程迂回,目前正在途中,明日可能到达板桥。今夜,他们连续行军,按预定计划可完成任务。"

"十二团怎么样?"

"十二团准备明日接替十三团,让他们下来,休息一会儿。"

"对!十三团今天打得很苦,换他们下来歇一歇,攻下娄山关后,接着打遵义还要用他们。"

▽ 娄山关红军战斗遗址

"轰隆隆……轰隆隆……"敌人的一枚炮弹打到彭德怀与邓萍站立的山冈脚下，树木折断，浓烟四起，冲腾起一束红光。

"我们该走了，回指挥所的掩蔽棚去。"邓萍忙劝彭德怀回去，"军团长，看，这有多危险！"

彭德怀无所谓地挥挥手，轻松地笑着：

"不要紧，我彭德怀的命大。"

邓萍无比敬佩地望着身边的彭德怀，想到在过去的战场上，为了正确无误地实施指挥，他不止一次地看见彭德怀冒着硝烟战火，奋不顾身，置个人安危于不顾，冲上第一线。他经常想起彭德怀讲过的一句话："干部勇敢，不怕死，部队才能冲得上，攻得下。"

在红三军团占领娄山关的翌日黎明，巍巍娄山，大雾弥漫。群峰笼盖，圆圆的山头，似大雾蒸腾中的一个个馒头，相距很近，但只闻人声，对面不见人。王家烈的部队是有名的"双枪兵"，每人除了一支钢枪，还有一支大烟枪，他们在过足了烟瘾，依仗着险要的地形，拼命顽抗。

邓萍率三军团指战员，从北向南对娄山关之黔军发起猛烈进攻。高耸入云的娄山关，弥漫在炮火硝烟里，喊杀声和军号声响彻云天。

邓萍同彭德怀一起，冒着敌人的炮火，出入前沿阵地指挥部队作战。战斗继续一段时间以后，红三军团和红一军团一部以迅猛的冲杀拿下了敌人控制的制高点——点金山。敌人为夺回阵地，调集约六个团的兵力，组织多次反扑，均被红军击退。在坚守和反扑的较量中，阵地前，抛满了国民党军横七竖八的尸体。红军的阵地，伤员也增加了不少。他们轻伤不下火线，淌着血继续参加战斗。鲜红的血染红阵地前的岩石和泥土。接着红三军团以一部兵力从正面钳制敌人，集中主力分别从两翼向敌人后方的黑神庙、板桥迂回，歼敌一部，余敌惧歼，仓皇夺路南逃。

毛泽东、周恩来、朱德在胜利进军的嘹亮的号声中，重越娄山关。正遇夕阳西下，群峰绯红，一束束金辉，在起伏的峰峦间辉映。高天之上的红日，欲落不落，将万道霞光倾泻下来，仿佛从高崖之上倾泻下万道金色瀑布。

山连着山，那连绵起伏的绿色山头，又恰似大海中掀起的一个个浪头，汹涌澎湃，奔向广袤无垠的天际。

当下毛泽东曾即兴赋词《娄山关》

雄关漫道真如铁，而今迈步从头越。

从头越，苍山如海，残阳如血。

娄山关战斗胜利后，红三军团乘胜向遵义方向追击，26日红三军团在董公寺、高坪、大桥等地击溃黔军第六、第十五、第九团的拦阻，接着于27日在遵义城西北的石子铺等地，又将黔军第一、第五、第八团击溃，进到遵义城下。黔军残部退入遵义城，固守待援。

是日黄昏，邓萍主动要求随担任前卫任务的红十一团行动。邓萍率领红三军团，不顾疲劳，奋力发起攻城战斗。邓萍在指挥三军团战斗时，他连连高呼："同志们冲啊！追啊！追到遵义去，活捉王家烈！"红三军团这支能征善战的英雄部队，此时在邓萍参谋长的带领下，势如破竹，一鼓作气抢占了遵义新城及城边村落，直逼遵义城下。

血洒遵义城

（27岁）

遵义城当时分为新城和老城，新城在东，没有城墙，老城在西，有内外城墙，以一条河流为分界线。

在军团司令部，邓萍找来十一团政委张爱萍、参谋长兰国清，研究攻城部署。邓萍招呼二人在火盆边坐下，递过香烟，边划火柴边说："占领遵义、调敌回援是毛主席战略部署的关键。刚才，毛主席、周副主席、朱总司令来电告诫我们，攻城宜早不宜迟，晚了，不但达不到目的，敌薛岳部还会赶来增援。现在我们已经是暴露在城下，敌人明白了我们的作战意图，因此，攻击的发起时间越早越好。我现在就同你们一起去看地形，研究、确定好攻

△ 当年的遵义城

城方案，务必要在明天拂晓前占领遵义。"

为了迅速拿下遵义老城，军团参谋长邓萍来到部队驻地，向十一团和十二团的营以上干部传达了彭德怀军团长的命令，一定要在当晚攻下遵义老城，以便第二天歼灭增援遵义的敌中央军薛岳部队。

27日黄昏，军团参谋长邓萍为确保万无一失，亲自带着张爱萍、王平、谢振华等团营干部，冒着敌人的枪弹匍匐前进，逼近到遵义老城北门外拱安关斜对面、湘江河东岸，隐蔽在一个小土墩的草丛中，用望远镜观察老城地形和敌人守城部署。

在对地形进行分析后,邓萍命令张爱萍派一个营从河的跳墩上过去,沿着小坡接近城墙。张爱萍还让兰国清调第三营上来,在第三营还未赶到时,张爱萍建议先派侦察排过河在老城通向新城的大桥边警戒。邓萍点头同意。

侦察排的战士机警灵活地从小河的跳墩上过了河,到达指定位置后,很快构筑了一条简易掩体。不一会儿,第三营也顺利过了河,摸到了城墙下。突然,邓萍从望远镜里发现有战士在爬城,便问张爱萍:"哪个叫他们去爬城的,第一个是哪个?"张爱萍回答:"没有哪个要他们去爬城,真糟糕!那个爬城的是蔡爱卿同志,时任第七连的指导员。蔡爱卿的胆子很大,作战勇敢,每次都冲在前面。"

邓萍把望远镜挂在胸前,稍微把身子露出来一些,对张爱萍、兰国清说道:"你们把任务讲清楚没有?第三营一定把任务弄错了。"这时,天快黑了。邓萍又举起望远镜观察第三营的行动。他命令说:"第三营与侦察排都在现在的位置不动,今天晚上从那里爬城。军团决定今晚攻城。你们先钳制住守城之敌,待军团主力到达后,发起总攻。一定要在明天拂晓前拿下遵义。"

这时,一个年轻的战士跑来向张爱萍报告:"报告政委,营长说,是两层城墙,我们三营爬进去了一连多人,又出来了。"邓萍问:"你是谁?""我是三营通讯员。"邓萍说:"告诉你们营长,队伍不要撤回来,把这信带去就行了。"

兰国清补充说:"准备今晚爬城啊。"

"是。"通讯员行了个军礼,飞奔而去。邓萍一边观察,一边对张爱萍说:"你们先钳制住守城之敌,待军团主力到达后,今夜发起总攻,一定在明天拂晓前拿下遵义。"已近黄昏,邓萍对敌人城防已经心中有数。他把望远镜递给身旁的张爱萍,叮嘱道:"情况紧急,明天增援遵义的敌人薛岳部就可能赶到……"邓萍的话还没说完,一颗突然飞来的子弹击中了他的头部,年仅27岁的邓萍一头仰在张爱萍的右臂里,殷红的鲜血喷溅在

▽ 遵义凤凰山红军烈士陵园内表现邓萍牺牲情景的雕像

张爱萍的袖子和衣襟上。

当张爱萍抬起右臂扶起邓萍的时候,他已经停止了呼吸。

刹那间,时间仿佛凝固了,张爱萍被这突如其来的变故搞懵了,半天没有反应过来。

为参谋长报仇

★★★★★

张爱萍用电话悲伤地向军团长彭德怀报告了邓萍牺牲的不幸消息:"邓参谋长牺牲了。我们一起在前线观察……是九响枪子弹打中的,从前额打进从后脑出来,血流得很多,我的手臂都染红了……"

听筒另一边先是沉默,紧接着是一句撕心裂肺的咒骂,打断了张爱萍的电话,然后是狠狠地摔电话的声音。

张爱萍知道彭军团长只有在悲愤至极时才会骂人。透过这无遮无挡的家乡"国骂",可以见得邓萍之死对彭德怀的打击是多么的大!

接着,他还用他自己特有的方式,告诫张爱萍等不要总是冲杀在前头,指挥员要承担比战士更重要的责任。

听闻邓萍牺牲的噩耗,彭德怀只感到一阵天旋地转。回想早晨,邓萍在娄山关下与自己握手道别,没想到竟成永诀。

片刻之后,彭德怀像蜂蜇般冲出去,飞身上马,来到邓萍遗体所放的山头,抓住放邓萍遗体的担架,连声呼唤:

"兄弟!兄弟!你醒醒啊!"

但邓萍永远不能回答他了。

他悲愤地一拳砸在树上,恨不得剥了王家烈的皮。彭德怀是轻易不流泪的铁汉子,但这次他却任泪水长流。

邓萍的遗体被安放在一块背风的洼地里,一盏风雨灯挂在一棵小树上,发出昏黄的光。意外的变故,给彭德怀带来了猝不及防的心灵重击,彭德怀轻轻揭开盖在邓萍身上的白布被单,默默地注视着战友苍白的遗容,心如刀绞。他掏出手巾,默不做声,小心翼翼地为邓萍擦去脸上的血迹和尘土。七年朝夕相伴、戎马生涯留下的难忘往事,此时一齐涌上心头,使他肝肠寸断,泪流满面。四周一片寂静,连流水声都听得十分分明,这是恶战前短暂的寂静。

彭德怀慢慢抬起头来，小声对张爱萍说："给参谋长换身新军装，如果没有，到总供给部去领，就说是我说的。"

深夜，军团政治部主任刘少奇走进来，紧紧握住彭德怀的双手，沉重地说："老彭，你就放心指挥打仗吧，邓萍的后事，由我们政治部来办。我向你保证，一定要对得起烈士，一定要让你满意。"

彭德怀默默拿起邓萍的遗物，交给刘少奇。然后擦了擦眼泪，掏出怀表，手拿着电话筒，命令几乎是吼出来的："各部！总攻时间到！我命令，发起进攻！拿下遵义，为参谋长报仇！"

28日凌晨，悲愤交加的彭德怀向三军团所属的四个团下达了攻击遵义老城的命令：将悲痛化为力量，一定要在拂晓前拿下遵义全城，为参谋长报仇！

各团突击队员抬着云梯，冲到城墙下，再迅速架起，一个接一个地爬上城墙，红军战士们个个像下山猛虎一样，一口气冲进遵义老城，与敌人展开激战。

在遵义城外的老鸦山争夺战中，由于敌人死命顽抗，红军丢失了老鸦山主峰。张爱萍在两次冲锋都被敌人打下来的情况下,亲自组织起敢死队,与正赶上来支援的陈赓的干部团一起,把敌人赶下老鸦山。

临近拂晓,遵义老城终于被红军攻下。确保了遵义战役的最后胜利。遵义战役共打垮敌人两个师、八个团,歼敌三千多人,俘敌近三千人,活捉敌团长一人,击伤敌旅长、团长三人,缴获大批武器弹药及其他军用物资。战士们用在长征途中取得的首次大捷,告慰邓萍参谋长的英魂。

战后,第十一团政委张爱萍怀着沉痛的心情,在鸭溪场挥笔写下挽诗一首:

长夜沉沉何时旦?

▽ 遵义战役的主要战场之一老鸦山

黄埔习武求经典。
北伐讨贼冒弹雨,
平江起义助锋焰。
"围剿"粉碎苦运筹,
长征转战肩重担。
遵义城下洒热血,
三军征途哭奇男。

 将军之墓

☆☆☆☆☆

新中国成立后,党和遵义人民把寻找邓萍等烈士的遗骸提上了重要议事日程。1952年秋,中共遵义地委和专员公署召开会议,要求务必要找到邓萍同志的坟墓。由于当时没有人知道邓萍同志遗体埋葬的位置,遵义干部群众历经数年艰苦的奔波寻找,仍然没有下落。

1957年夏，时任遵义地委书记的李苏波接到了当时的贵州省委第一书记、娄山关战役中担任三军团第十二团政委苏振华传达的中央军委副主席、国防部长彭德怀元帅的指示，中央军委很关心寻找邓萍同志遗体埋葬地这件事，希望当地政府帮助寻找邓萍遗骸的下落，并提供了一些有价值的情况：当时由于战事紧张，当晚就在红三军团驻地的街上，买了一副黑漆棺材装殓遗体，由红军指战员掩埋在遵义城北郊山坡，没有立碑记载。

当时受命寻找邓萍遗骸的遵义市领导，根据北郊山坡和黑漆棺材这两条线索，紧紧依靠群众，开始了艰苦细致的调查。经过七八天的走访，他们终于在遵义城松子坎一家老榨油坊里找到了老工人王华轩，得知当时确实有一具牺牲红军的遗体是从遵义老城干田坝抬到新城罗庄，买颜家的棺材装殓，埋在当时的地主罗徽五家的坟山上的。

王华轩引着他们来到现场，指认了埋葬这位红军遗骸的坟堆。他们还通过颜家一位六七十岁的老大娘了解到，红军离开遵义后，邓萍墓地遭到了敌人多次破坏，遗体也被人从墓中掘出，抛尸山野。当地群众又冒着生命危险，在半夜里将其秘密掩埋。

根据这些情况，朱振民等初步判断罗徽五家坟山上的坟堆是红军坟。经遵义地委同意，朱振民等邀请时任遵义会议纪念馆馆长、曾在邓萍身边工作过的原红三军团四师司令部侦察参谋、十二团作战参谋孔宪权一起开坟辨认遗骸。揭开棺木,他们看见死者只是左额骨露在外面,其余都被蚂蚁和泥遮住了。死者穿的是短呢大衣,衣扣是铁制品,已生锈。大衣里面是呢制西式背心,背心下是毛线衣,已经腐朽。下装已完全腐烂,脚下有两块橡胶质地的鞋底。把遗骸头部的泥土轻轻扒开,发现右耳上额骨有一小孔,脑壳后有两条裂缝。

为了确认遗骸的身份,李苏波等一面指挥将棺木盖上,保护好现场,一面电请时任贵州省军区政委、与邓萍共事多年的老红军石新安亲自来遵义作最后辨认。

经请示国防部同意,石新安政委来到遵义,邀请遵义地区医院骨科医生和当年带路的农民一起到现场察看。通过现场找到的金属衣扣、裤扣、毛衣碎片、胶鞋底等遗物,发现的牙齿、头发、疮痕、弹痕等特征,确认是邓萍同志的遗骸。石新安政委捧着邓萍同志的头骨,止不住热泪盈眶。在场人员都肃然静默,泪水长流。得知邓萍遗骸找到的消息,彭德怀终于了却了一桩心事。

1958年,遗骸迁葬于遵义老城凤凰山北麓的小龙山红军烈士陵园内,张爱萍为其墓手书了墓志。

1959年,国防部寄给遵义地委经过彭德怀元帅亲笔撰写的《邓平同志的简历》(这里的"萍"字写为"平"字。据张爱萍将军回忆,邓萍生前"萍"字和"平"字都曾使用),内容为:

邓平同志,四川泸州人,在青年时代,即开始了爱国运动,接受了共产主义思想。第一次国内战争时期,曾考入黄埔军官学校武汉分校,在学校中加入中国共产主义青年团,不久即转为中国共产党党员。一九二七年,国民党叛变革命后,邓平同志仍积极从事革命活动。一九二八年,邓平同志在国民革命军独立第五师第一团团部任上尉书记官。在党的领导下,秘密进行革命宣传,团结和组织革命士兵与军官进行各种斗争。同年七月二十二日,彭德怀等同志率领全体革命军官,举行了历史上著名的平江起义,创建了中国工农红军第五军。邓平同志起草了起义宣言。

邓平同志在党的教育培养下,不断提高自己的觉悟和能力,参加红军后,历任中国工农红军第三军团第五军军长、三军团参谋长等重要职务。在长期的革命斗争中,英勇果敢,身先士卒,表现了对党和人民解放事业的无限忠诚;对我军的建设也作出了一定的贡献。邓平同志一生献身于革命事业,从不计较个人安危和得失,工作认真负责,待人诚恳真挚,作风艰苦朴素,是

△ 30年代遵义城

我党我军优秀的军事干部。

一九三五年三月,中国工农红军北上抗日途中,路经贵州,在第二次攻打遵义城的战争中,邓平同志亲临前沿侦察敌情,不幸光荣牺牲,年仅二十七岁!邓平同志革命精神永垂不朽!

公元一九五九年二月

彭德怀在笔端下表达了对亲密战友的深切缅怀之情。

同时,国防部还寄来了彭德怀亲笔题写的墓名题字:"中国工农红军第三军团参谋长邓平同志之墓"。字体苍劲有力,直径约有12厘米。

李苏波将简历和题字交给了修建邓萍墓的负责人，要求照设计的墓碑大小，把碑字按原体适当放大，简历写成汉字正楷。

1958年夏，在中央军委和彭德怀元帅的关心下，中共遵义地委、地区行署，遵义市委、市政府决定在邓萍同志遇难处附近的小龙山上修建邓萍烈士墓，当年正式动工，1959年初建成。墓室由沙石料砌成，呈"凸"字形。墓地设计庄严朴素，四周都是常青树木。同年清明节举行了盛大的邓萍遗骸迁墓仪式。由于"庐山会议"等原因，彭德怀元帅亲笔手书的墓名题字没有采用。墓名用的是时任贵州省委第一书记周林的题字"邓萍同志之墓"。

而当时发掘出来的邓萍同志的一些遗物，如毛衣碎片、锈迹斑斑的金属衣扣、皮带扣、鞋底等，被中国人民革命军事博物馆作为珍贵文物永久收藏。部分遗物复制品，陈列在遵义会议纪念馆陈列室内。

邓萍没有留下照片，画家只能凭借着人们的描述来为烈士画像，陈列在遵义纪念馆中的就是这样一幅画像。时隔五十年之后，当年在红军学校曾与邓萍共事的伍修权，曾觉得画像与本人差距较大："邓萍的脸较圆，没有这样瘦，眼睛也不是这么凹。这张像看上去也太老，哪像个二十来岁的人？"

邓萍生前究竟是什么样子已经无从可考，但他在战友

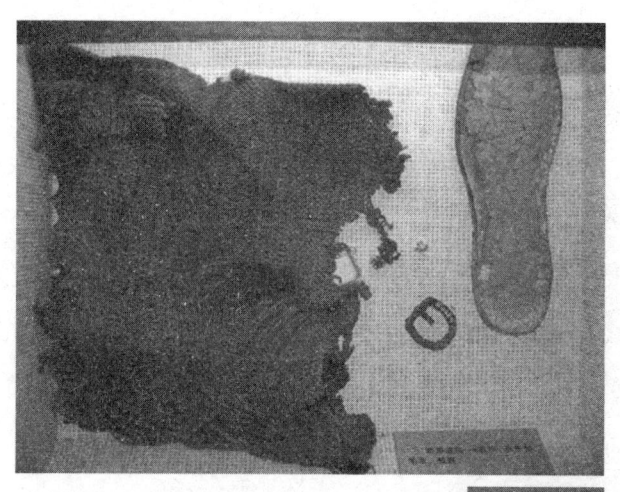

△ 邓萍遗物

脑海中刻下的印记之深,由此可见邓萍在战友心中的地位。

在林彪、"四人帮"倒行逆施的年代,周林题字的墓名"邓萍同志之墓"被改为"红军烈士之墓",字体也改成了毛体字。粉碎"四人帮"后,在张爱萍将军等老一辈革命家的过问下,邓萍墓又恢复了原名。墓碑上面刻着张爱萍题写的"邓平同志之墓"。墓地坐北向南,由正墓室、左右侧室及其延伸段和花圈组成。墓身均以长50厘米、宽40厘米的红沙石扣砌,棱面规整,通宽约32.55米。正墓室高于侧室,呈"凸"字形,墓顶正中竖一红色五角星。花圈呈倾斜状嵌置在墓前10米处台阶中央，长4.5米，宽3.1米，白色水磨石面，为水泥塑制，红、黄、绿三色相间。花圈以53朵大小不等的向日葵组成，饰素带两根，造型凝重，精雕细琢，寄托着遵义人民对邓萍的深切缅怀。

对于长眠在遵义的亲密战友邓萍，彭德怀曾深情地追忆道："从平江起义到井冈山斗争，从江西苏区转战到长征途中，直到他牺牲前，我们一直在一起工作，互相配合得很好。邓萍对党和人民的革命事业忠心耿耿，作战指挥沉着果断、英勇顽强，是一个很有才干的优秀军事干部。"并强调说："邓萍这个人是值得纪念的！"

1959年初，国防部曾电告遵义地委，说彭德怀元帅要亲自来遵义为邓萍扫墓。后来因气候原因，飞机不宜飞行，只得推迟。不久，因在"庐山会议"上受到不正确的批判，彭德怀一时无法了却这个心愿。

1966年4月，时任西南三线建设委员会副主任的彭德怀在从成都前往宜宾视察工作途经邓萍故乡四川省富顺县境内时，急令停车。他下车眺望，只见沱江蜿蜒流淌，帆影点点；丘陵起伏绵延，一片碧绿。不由得感慨："真是地灵人杰啊！难怪英才辈出。三十多年前，我有一位亲密战友，就是这里的人。可惜他早已在长征途中牺牲了！"说罢，他神情凝重，久久伫立，远吊战友。

1979年10月,带着对战友深切的缅怀之情,张爱萍将军从北京寄来手书的《邓萍同志墓志铭》,内容如下:

邓萍同志四川富顺人。第一次大革命时期加入中国共产党,黄埔军官学校早期毕业生。1927年大革命失败时与黄公略同志一起由党派到国民党第三十五军第一师第一团作兵运工作。该年第一团在彭德怀同志领导下于1928年平江起义改编为工农红军。邓萍同志历任红五军参谋长等职。1935年2月红军第二次攻占遵义城战斗中光荣牺牲。邓萍同志对人民对革命事业对党忠心耿耿,艰苦斗争,英勇牺牲。邓萍同志

▽ 邓萍烈士之墓

永垂不朽!

邓萍烈士为中国人民的革命事业英勇捐躯,热血洒在遵义土地上,英雄形象与凤山同在,革命精神共湘水长流。

1984年,为修建"红军烈士纪念碑",邓萍墓被再次移至现在红军烈士陵园内的位置。墓冢周围,苍松翠柏,四季常青。墓名仍用的是张爱萍将军的题字。张爱萍题写的碑名很遒劲,涂着亮金,在阳光中现出些温暖;碑名下面横一块大理石,镌刻着张爱萍写的邓萍生平。墓的东边有一石刻像,再现了邓萍中弹后倒在张爱萍身边的情景,生动地显示了邓萍壮烈牺牲时视死如归的英勇气概。在塑像的石基座碑石上刻着张爱萍的题字"邓萍同志千古",并且将张爱萍在《星火燎原(3)》上写的《从遵义到大渡河》一文中记述的邓萍参谋长牺牲时的情况刻录在上。

后　记

那些不能忘却的英雄

人类历史上,总有很多不该忘记的人和事。

有一些人,极大限度地张扬了人类的高尚、刚强和坚忍不拔。人们不该忘记他们,是因为他们就像黑暗中的灯塔、饥渴时的甘霖,永远给人们送来不绝的希望和无限的勇气。

我觉得,邓萍将军正是这样的灯塔。

可读完他的故事,心里却觉得分外沉重。

一个 27 岁的年轻生命。

一个 27 岁的才华横溢、文武双全的青年。

一个 27 岁的有志青年,他的人生其实才刚刚开始啊!

而这样一个似朝阳一样正冉冉升起的年轻将军,却在遵义城下永远地闭上了眼睛。

我忽然能体会到彭德怀当时的悲痛和愤怒了,他不单是为失去了一个好助手好同志好朋友而难过,更是因为邓萍,这样一个优秀的人，他还年轻啊。

我也能理解红三军团的士兵们听到他们的参谋长牺牲后，呐喊着邓萍的名字疯狂杀敌的缘由了。

这样一个年轻有为的军团参谋长，作为红军高级指挥官每次战斗却总是冲在第一线，与普通士兵并肩作战。他为人亲切，爱兵如子，他博学多才，却毫不骄傲。

年轻的邓萍将军，却为了革命的胜利，为了人民不再苦难，为了那些他认识或者不认识的人们奉献了一切。

而被他拯救的我们，如今却淡忘了他的名字。

他曾经的残衣旧鞋孤寂地躺在纪念馆的玻璃柜里，偶尔有人瞻仰。

或路过他的墓碑前，留一点敬意。

如果他在天有灵会想些什么呢？

这时，我忽然想起那些革命烈士那壮烈的话语——

我自横刀向天笑，去留肝胆两昆仑！

这是怎样的一种气概，又是怎样的一种悲壮！

为常人所不为，是为真正的大丈夫！

从头越，苍山如海，残阳如血！

英灵们，就这样让他们安息吧。

相信如果他们看到中华民族今之崛起，国家繁荣昌盛。

九泉之下，他们定会微笑的。

泪水，就这样任它流下来吧。

为了那些不能释怀的牺牲，为了那些不能忘却的英雄！